AF452757

CONFERENCE
DES STATUTS
ACCORDEZ PAR LE ROY,
A LA COMMUNAUTÉ
DES
IMPRIMEURS ET LIBRAIRES
DE PARIS;

En l'Année mil six cens quatre-vingt-trois.

AVEC LES ANCIENNES ORDONNANCES,
Arrests & Reglemens.

A PARIS.
nprimé aux Dépens de ladite Communauté.

M. DC. LXXXIV.

TABLE DES TITRES.

CONFERENCE
DES STATUTS
ACCORDEZ PAR LE ROY,
A LA COMMUNAUTÉ
DES IMPRIMEURS ET LIBRAIRES
DE PARIS,

En l'Année mil six cens quatre-vingt-trois.

AVEC LES ANCIENNES ORDONNANCES,
Arrests & Reglemens.

Reglement de 1618. redigé en 1620.	TITRE I.

Reglement de 1618. redigé en 1620.

ARTICLE I.

LES Libraires, Imprimeurs & Relieurs seront toûjours censez & reputez du Corps & des Supôts de l'Vniversité de Paris, du tout distinguez & separez des Arts mécaniques, maintenus & gardez en la joüissance de tous les Droits, Franchises & Prérogatives à eux attribuez par les Rois de France.

TITRE I.

ARTICLE I.

LES Imprimeurs & les Libraires seront toûjours censez & reputez du Corps & des Supôts de l'Vniversité de Paris, du tout distingués & separez des Arts mécaniques, & en cette qualité maintenus & gardez en la joüissance de tous les Droits, Franchises & Prérogatives à eux attribuez par les Rois nos prédecesseurs, & par Nous.

Auparavant que l'Art d'Imprimerie euſt eſté inventé, il y avoit grand nombre d'Eſcrivains qui eſtoient cenſez eſtre du Corps de l'Univerſité : Et depuis que ledit Art d'Imprimerie a eſté mis en lumiere, les Imprimeurs ont ſuccedé au lieu deſdits Eſcrivains, & ont eſté toûjours autant ou plus gratifiez que leſdits Eſcrivains ; Et n'a jamais eſté l'Art d'Imprimerie mis au nombre des Meſtiers mécaniques, ains tenu en tel honneur & reputation, que pluſieurs Perſonnages de grande litterature & érudition ont bien eux-meſmes voulu prendre qualité d'Imprimeurs, tant en ce Royaume que dehors, comme entre autres de noſtre ſiecle, Jodocus & Aſcenſius Badius, Eſtienne Dolet, ce grand Turnebus, Robert & Henry les Eſtiennes, Wechel, Morel, & infinis autres grands Hommes de noſtre France. Touteſfois depuis quelques années, l'Edit de la creation des Meſtiers eſtant publié, ceux qui avoient charge de l'execution dudit Edit, voulurent comprendre les Imprimeurs entre les Artiſans mécaniques, & iceux mis à la ſuite des Harangeres & Poiſſonnieres, choſe qui eſtoit du tout contre l'honneur de tout temps attribué à l'Art d'Imprimerie. Dequoy les Imprimeurs & Fondeurs de Caracteres, firent tres-humbles Remontrances au Roy & à Noſſeigneurs de ſon Conſeil : Tellement que par Arreſt dudit Conſeil, tenu à Paris le dernier jour d'Avril 1585. il fut ordonné que leſdits Imprimeurs & Fondeurs ſeroient exceptez dudit Edit de la Creation des Meſtiers, pourveu qu'ils ne faſſent autre profeſſion, ny aucun autre Art mécanique. Dont Lettres Patentes leur furent expediées du meſme jour & an, qui furent verifiées au Parlement le 15. jour de Juin 1585. & regiſtrées au Greffe du Chaſtelet de Paris, le 10. jour de Septembre enſuivant.

Declaration de Louis XII. à Blois, le 9. Avril 1513.

VOULONS que les Libraires, Relieurs, Enlumineurs, & Eſcrivains Jurez de noſtre Fille l'Univerſité de Paris, qui ſont en nombre de trente. Sçavoir 24. Libraires, deux Relieurs, deux Enlumineurs, & deux Eſcrivains Jurez, ſoient & demeurent francs, quittes & exempts de la contribution de l'Octroy & Impoſt de Trente mil livres, à Nous accordé par noſtre Ville de Paris : Sans que le Prevoſt des Marchands & Eſchevins de noſtredite Ville les puiſſent contraindre en payer aucune choſe, jaçoit qu'il ſoit mandé faire contribuer exempts & non-exempts : En quoy ne voulons iceux Libraires, Relieurs, Enlumineurs & Eſcrivains eſtre comptins. Et outre, Voulons qu'ils ſoient francs & exempts tant dudit Impoſt, que de toutes Tailles, Aydes, Gabelles, Impoſitions, Dons, Octrois, Preſts, & autres Subſides miſes ſus ou à mettre, impoſées & à impoſer en noſtredit Royaume & Ville de Paris, par Nous & nos ſucceſſeurs, &c. Et outre, Avons declaré & declarons que les Livres, ſoit en Latin ou François, reliez ou non-reliez, eſtre francs, quittes & exempts de tous Peages, Chef-d'œuvre, Chauſſée, Impoſition foraine ou Pavez, quelque part qu'ils ſoient tranſportez, ſoit par eauë ou par terre : ſans que pour leſdits Livres, leſdits Libraires & Voituriers, portans & conduiſans iceux parmy noſtre Royaume, ou hors, ſoient tenus payer aucun Peage, Acquit, Impoſition ou autre Subſide quelconque, ſoit que leſdits Livres appartiennent aux Eſcoliers, Libraires Jurez ou autres non Jurez, mais les laiſſer paſſer franchement & quittement, ſans les arreſter ou contraindre à payer aucune choſe pour leſdits Livres.

Ce que le Roy François I. confirma au mois d'Aouſt 1515.

Confirmation du Roy François I. le 20. Octobre 1516. & 5. Juin 1543. verifiée en Parlement le dix-ſept Juillet enſuivant, *Dempto Articulo concernente Excubias, & Portarum cuſtodiam hujus Vrbis Pariſienſis, tempore imminentis periculi, & neceſſitatis ingruentis.* Henry II. au mois de Septembre 1547. verifié en Parlement le 17. Avril 1548.

Autres Lettres dudit Roy Henry en faveur des Libraires de Lyon, pour l'exemption des Droits de Traite & Imposition foraine, Resve, Domaine forain & haut Passage, du 23. Septembre 1553. verifié au Parlement, le 24. Octobre, & en la Cour des Aydes, le 9. Decembre ensuivant.

Declaration de Henry II. à Saint Germain en Laye, le 23. Septembre 1553.

Avons ordonné & ordonnons par maniere de provision, & jusques à ce que par Nous y soit autrement pourveu, que les Livres écrits ou imprimez, reliez & non-reliez, seront & demeureront exempts des Droits de Traite foraine, Domaine, & haut-Passage. Faisant inhibitions & défenses à tous nos Officiers sur le fait & Reglement de nos Droits de ladite Traite & Imposition foraine, Resve, Domaine forain, & haut-Passage, & à tous autres qu'il appartiendra, de ne lever ou exiger aucune chose desdits Droits pour raison desdits Livres, en quelque temps que ce soit. *L. P. R. à Paris en Parlement le 24. Octobre 1553.* Charles IX. en Mars 1560. verifié au Parlement le 3. May 1561.

Le Sieur de Tancré pretendoit Droit sur les Marchandises passantes sur la Riviere de Loire, & avoit arresté des Livres; La Saisie ayant esté declarée tortionnaire par le Presidial d'Angers, y eut Appel, sur lequel Arrest du 23. Juillet 1565. par lequel fut dit qu'il avoit esté bien jugé. Autre Arrest du 23. Mars 1574. par lequel défenses furent faite aux Fermiers du grand Peage d'Orleans, de lever aucun Droit ny deniers sur les Livre

Le Roy Henry III. suivit l'intention des precedens Roys : Mais amplifia sur leursdit. immunitez, de l'exemption des Droits de Doüannes sur Passages de Lyon, Troyes, Chaalons, Roüen, Dieppe, & autres lieux, par ses Lettres Patentes du 16. Novembre 1582. & les declara non-compris en son Edit de la creation des Mestiers. A ces Causes, Voulons que les Libraires & Imprimeurs de nostre Ville de Roüen, joüissent pleinement des Privileges, Franchises, & Exemptions de Subside ; Ensemble de tous Guets & Gardes des Portes, fors & reservé en cas d'éminent peril : Et generalement de tous Privileges, Franchises, Immunitez, Exemptions & Affranchissemens accordez ausdits Libraires & Imprimeurs de Paris & Lyon. *L. P. R. à Roüen en Parlement, le 15. jour de Decembre 1603. Et en la Cour des Aydes le 16. Iuillet 1604 R. au Bailliage le 21. Decembre 1605. Et au Bureau de la Romaine de Normandie establi à Roüen, le 15. Decembre 1607.*

Henry III. à Paris le 16. Novembre 1582. Voulons que lesdits Libraires laissez & souffrez joüir de tous les Privileges à eux par nos prédecesseurs & Nous accordez, mesmes conformément à ceux accordez par le feu Roy Louis en l'an 1513. *L. P. R. en Parlement le 14. Octobre 1583.*

Autre Arrest donné au Conseil Privé du Roy le 22. Septembre 1587. plaidant Monsieur Marion pour l'Université de Paris, contre René Broüart Fermier des Cinq grandes Fermes unies, par lequel ladite franchise & exemption est confirmée, sans que le Fermier, au moyen dudit Arrest, puisse pretendre aucun rabais envers le Roy, attendu l'ancienneté du Privilege.

Arrest du Conseil d'Estat du 24. Septembre 1587. par lequel tous Livres reliez & non-reliez, qui seront apportez en ce Royaume de Pays estrange, ou transportez d'iceluy par les Libraires de l'Université, sans fraude, sont francs, quittes & exempts de tous Droits d'Entrée & Issuë, Impositions, Peages, Travers, & generalement de tous Subsides mis

fur toutes autres efpeces de Marchandifes. Inhibitions de les troubler. Seront tenus lefdits Libraires, à l'iffuë & entrée du Royaume, bailler par declaration la quantité & qualité
des Livres qu'ils feront entrer au Royaume, ou tranfporter d'iceluy; le lieu où ils auront
efté chargez, & où ils devront eftre déchargez.

Henry IV. le 23. Juin 1594. verifié au Parlement le 17. Aouft enfuivant, & en la Cour
des Aydes le 26. Avril 1595. & luy-mefme par autres Lettres du 20. Février 1595. verifié
au Parlement le 26. Juin enfuivant, pour Paris. Et au mois de Decembre 1599. verifié
au Parlement le 9. Decembre 1600. & en la Cour des Aydes le 5. Avril 1601. pour Lyon.
Et le 14. Septembre 1603. verifié au Parlement de Roüen le 15. Decembre enfuivant, &
en la Cour des Aydes de Normandie le 16. Juillet 1604. entre les Libraires de Roüen.

Arreft de la Cour des Aydes de Roüen du dix-huit Novembre 1609. entre Adrien
Perier Marchand Libraire & Imprimeur à Paris, & les Gardes de la Librairie & Imprimerie de Roüen, contre les Fermiers du Bureau general dudit Roüen, lefquels avoient
pris pour Droit Trente-fept fols fix deniers, d'une Caiffe de Globes & Cartes marines,
ordonné que lefdits Fermiers reftituëront les Trente-fept fols fix deniers audit Perier par
luy payez pour le Droit pretendu par lefdits Fermiers, aufquels ladite Cour a fait & fait
défenfe d'ufer d'arreft fur telles Marchandifes, ny d'en prendre aucun Droit ny Impoft.

Louis XIII. en Decembre 1610. verifié au Parlement le 9. Avril 1611. & en la Cour
des Aydes le 24. Février 1612.

En l'an 1613. Laurent Sonnius ayant fait conduire quantité de Livres en la Ville de
Lyon, ils furent faifis à la requefte d'Urbain de la Motte,, Fermier general des Cinq
groffes Fermes de France, & de la Doüanne de Lyon, dont ledit Sonnius ayant obtenu
main-levée par provifion pardevant le Senéchal de Lyon, la Motte en interjetta appel,
fur lequel il fe voulut pourvoir au Confeil du Roy; mais par Arreft dudit Confeil du 27.
Février 1615. les Parties furent renvoyées en la Cour des Aydes à Paris, où par Arreft
du 24. Mars 1616. ladite faifie fut declarée injurieufe, tortionnaire & déraifonnable,
main-levée plaine & entiere faite audit Sonnius, la Motte condamné és dépens, dommages & interefts. Et faifant droit fur l'intervention du Recteur & Supofts de l'Univerfité de Paris, & Syndic des Libraires, défenfes font faites aux Fermiers de la
Doüanne de Lyon, & à tous autres, de rien prendre ny exiger pour les Livres, ny de
troubler lefdits Libraires en la joüiffance de leurs Privileges, Exemptions & Immunitez.
Ordonné que le prefent Arreft fera enregiftré au Greffe des Juges de la Doüanne de Lyon,
& au Bureau de ladite Doüanne; Ledit de la Motte condamné és dépens de l'Inftance de
ladite intervention. Depuis un nommé la Sabliere Fermier, ayant fait une pareille faifie
fur ledit Sonnius, intervint Sentence du Senéchal de Lyon le 4. Juillet 1616. conforme
audit Arreft.

Arreft de la Cour de Parlement de Provence, contre les Doüanniers de Marfeille, du
dernier jour de May 1617.

Autre Arreft de ladite Cour des Aydes du 24. Octobre 1617. au profit des Syndic
& Gardes de la Librairie, joints avec Cramoify, Droüart & Foüet, contre ledit de la
Sabliere, par lequel pareilles défenfes font faites aux Fermiers, de prendre ny exiger

aucune chofe des Libraires, à peine de cinq cens livres d'amende, & de tous dépens, dommages & interefts. Ledit la Sabliere condamné rendre ce qu'il a exigé, & és dépens de l'Inftance.

Arreft du Confeil d'Eftat du 6. Mars 1630. entre les Syndic & Adjoints de la Communauté des Libraires & Imprimeurs d'une-part, & Jean de la Grange, Fermier general dès Cinq groffes Fermes de France, la Doüanne de Lyon y comprife:

Sa Majefté décharge le Papier de tout Tribut & Impofition quelconque, fait défenfes audit de la Grange & fes Commis, de prendre ny lever le droit de Dix fols huit deniers fur chacun cent pefant de Papier blanc, venant de quelques endroits que ce foit de fon Royaume.

Sentence du Chaftelet du 23. Octobre 1640. qui décharge les Libraires, Imprimeurs & Relieurs de la Commiffion d'allumer les Chandelles aux Lanternes de la Ville, avec défenfes aux Commiffaires de les y nommer à l'advenir.

Arreft de la Cour des Aydes du 17. Janvier 1641. entre les Syndic & Adjoints, & les Fermier & Commis du Vingtiéme, portant défenfes aufdits Commis d'arrefter les Balles de Livres, ains les laiffer paffer franchement & quittement en la maniere accoûtumée, à peine de tous dépens, dommages & interefts, & mefme par emprifonnement de leurs Perfonnes.

Sentence du Chaftelet du 6. May 1662. rendue entre Federic Leonard, Marchand Libraire, contre Nicolas Maffe, Receveur du Domaine & Barrage, par laquelle ledit Maffe eft condamné rendre & delivrer audit Leonard, une groffe Balle de Livres à luy envoyée de Roüen, fans payer aucuns Droits de Domaine, Barage ou autres, & de rendre les Livres en bon eftat, finon payer la valeur; Comme auffi reftituer au Sieur Billaine Trente-trois fols huit deniers, par luy exigez dudit Billaine, pour les Droits de Domaine & Ancien Barrage, de deux Quaiffes & trois petits Ballots de Livres déchargez du Bateau du nommé Langlois, & condamné ledit Maffe aux dépens.

Autre Sentence dudit Chaftelet du 9. Aouft 1662. renduë contre ledit Maffe, qui le condamne à payer par corps la fomme de Deux cens livres, pour la valeur d'une Quaiffe de Livres qui avoit efté gaftée & pourie par fa faute, & condamné aux dépens.

Arreft du Parlement du 4. May 1665. confirmant les Sentences cy-deffus, contre ledit Maffe.

Arrefts du Confeil d'Eftat, des 28. Avril & 2. Juin 1674. portant Exemption du Droit de Marque fur le Papier & Parchemin fervant à Imprimer.

Regl. 1610. Art. VIII.   Art. II.

Que nul ne poura exercer ladite Imprimerie, qu'il n'ait moyen d'entretenir deux Preffes & de bonnes lettres, qui feront vifitées & certifiées par les Gardes de l'Imprimerie & Librairie.

Aucun Imprimeur ne poura exercer l'Imprimerie, qu'il n'ait quatre Preffes à luy appartenantes, & qu'elles ne foient fournies de bonnes Fontes, fans que plufieurs

A iij

Regl. 1618. ART. II.

Nul Libraire, Imprimeur ou Relieur ne poura exercer l'Estat d'Imprimerie, qu'il n'ait deux Presses garnies, à luy appartenant, & qu'elles ne soient fournies de bonnes Fontes; Sans que plusieurs se puissent associer en vne seule Imprimerie. Et ceux qui se trouveront n'avoir qu'vne Presse, seront tenus s'en fournir d'une autre, avec les Fontes necessaires d'icelle, ou aller travailler chez les Maistres à leurs gages.

Imprimeurs se puissent associer en une mesme Imprimerie.

Arrest du 17. Janvier 1645. portant confiscation des Imprimeries qui se trouveront défectueuses & contre les Reglemens.

Declaration d'Henry II. du 11. Decembre 1547.

Que le Nom & Surnom de celuy qui l'a fait ne soit exprimé ou apposé au commencement du Livre, & aussi celuy de l'Imprimeur, avec l'Enseigne de son domicile: ny aussi à imprimer en lieux occultes & cachez, ains en leurs Officines & Ouvroirs publics; afin qu'ils puissent répondre chacun de leur fait.

Declar. d'Henry II. à Chasteau-Briant, le 27. Juin 1551.
ART. IX.

Ne pourant les Imprimeurs, imprimer aucuns Livres, sinon en leurs Noms, & en leurs Officines & Ouvroirs.

Regl. 1610. ART. VIII.

L'Imprimeur mettra au commencement ou à la fin du Livre, son Nom. Conjointement qu'il sera tenu prendre Marque & Enseigne.

ART. III.

Tous les Libraires & Imprimeurs, imprimeront & feront imprimer les Livres en beaux Caracteres, sur de bon Papier, & bien corrects, avec le Nom & la Marque de l'Imprimeur qui en aura fait l'impression; Et lors que lesdits Livres seront imprimez aux dépens des Libraires & pour leur compte, l'Imprimeur qui en fera l'impression, sera tenu de mettre son Nom à la fin desdits Livres, outre le Nom & la Marque du Libraire, qui aura esté mise sur la premiere Page desdits Livres; le tout à peine de Confiscation & d'Amende, & de plus grandes peines, s'il y échet.

Regl. 1618. Art. III.

*Tous Libraires & Imprimeurs, chacun
separément ou associez, imprimeront les
Livres en beaux Caracteres, & bon
papier, & bien corrects, avec le Nom
du Libraire, & sa Marque.*

Art. V.

*Les Imprimeurs ne pouront imprimer
aucuns Livres, sinon en leurs Noms, &
en leurs Officines & Ouvroirs.*

Art. LXXIX.

*Les Maistres Imprimeurs & les Li-
braires, seront tenus choisir & avoir
vne Marque particuliere, laquelle ils
mettront, ou feront mettre és Livres
qu'ils imprimeront, ou feront imprimer,
sans qu'ils puissent prendre les Marques
les vns des autres. Et feront lesdits
Libraires mettre & apposer leurs Marques au devant & commencement desdits Livres qu'ils feront imprimer: Comme aussi les Imprimeurs seront tenus
mettre leurs Marques en fin desdits Livres, lesquels ne se pouront vendre
ailleurs qu'és Boutiques & Officines desdits Imprimeurs & Libraires, suivant
ce qui a esté ordonné & observé.*

Declaration du 27. Iuin 1551. Art. 8.

Est aussi défendu à tous Imprimeurs, de faire l'exercice & estat d'impression, sinon
en bonnes Villes & Maisons ordonnées & accoûtumées à ce faire, & non en lieux se-
crets; & ce sous vn Maistre Imprimeur, duquel le Nom, le domicile & la Marque soient
mis aux Livres par eux imprimez, le temps de l'impression, & le nom de l'Auteur: Lequel
Maistre Imprimeur répondra des fautes & erreurs faites, tant par luy que sous son nom
& par son Ordonnance.

Ordonnance de François I. l'an 1541. Article XVI. Lettres Patentes du Roy Henry
III. du 12. Octobre 1586. Arrest du 3. Aoust 1579. pour Damoiselle Jeanne Ionéty,
contre Philipes Tinghy Marchand Libraire de Lyon, touchant la Marque de la Fleur de
Lys de Florence. Autre Arrest du Jeudy 6. Juillet 1606. moy Bouchel plaidant pour la
grande Compagnie des Imprimeurs & Libraires de la Ville de Paris, contre deux ou
trois Particuliers, touchant la Marque de la Navire. Ces deux Arrests, avec les Plai-

doyez se trouveront dans Biblioteque du Droit François, sous la diction, *Marque*. Sentence du Lieutenant Civil du 12. Février 1613. contre Jean le Bouc le jeune, pour la mesme Marque.

Sentence du 9. Juin 1640. entre les Syndic & Adjoints, & Denis Langlois, qui avoit imprimé les Oeuvres du P. Campanella, où il avoit mis l'adresse chez Jacques Berbien Chandelier, sans mettre son Nom. Défenses à tous Imprimeurs, d'imprimer aucuns Livres sans Nom d'Imprimeur, ny d'imprimer aucunes Affiches où l'adresse soit ailleurs qu'en la Maison d'un Libraire ou Imprimeur, soit pour quelque Particulier ou Communauté que ce puisse estre, à peine d'en répondre en leurs propres & privez Noms.

Arrest du 17. Janvier 1645. portant défenses à tous Imprimeurs & Libraires, d'imprimer aucuns Livres de quelques natures qu'ils traittent, sans le nom de l'Imprimeur, & du lieu où l'impression sera faite, soient au commencement, à peine de punition exemplaire.

Arrest du huit Avril 1653. Enjoint aux Imprimeurs de faire imprimer correctement.

Arrest du Conseil Privé du 27. Février 1665. Comme aussi à la charge que lesdits Imprimeurs & Libraires qui ont obtenu ou obtiendront cyaprés des Lettres de Privileges & Continuation d'icelles, employeront de bon Papier, dont ils feront faire préalablement la visite, pour les grands Ouvrages & Livres in folio, par les Syndics, Adjoints ou Maistres & Gardes, & d'imprimer en beaux Caracteres & correctement.

Regl. 1618.   ART. III.

Comme aussi insereront le Privilege & permission qui leur sera octroyée, à la fin ou au commencement de chacun Exemplaire, le tout à peine de confiscation desdits Livres, & autres peines, s'il y échet.

ART. IV.

Les Imprimeurs & les Libraires seront pareillement tenus d'inserer à la fin ou au commencement des Livres, les Privileges ou Extraits des Privileges, & des Permissions qu'ils auront obtenus, à peine de confiscation, & de punition exemplaire.

Arrest du 17. Janvier 1645. Enjont d'inserer au commencement ou à la fin, la Permission, à peine de punition exemplaire.

Declar. de François I. du 21. Decembre 1541.   ART. XVI.

Ne pourront prendre les Maistres Imprimeurs & Libraires, les Marques les vns des autres, ains chacun en aura vne à par soy, differentes les vnes des autres, en maniere que les Achepteurs des Liv es puissent facilement connoistre

ART. V.

Comme aussi défendons à tous Libraires & Imprimeurs de suposer aucun autre Nom de Libraire ou Imprimeur, & de le mettre au lieu du leur en aucun Livre, & d'y apposer la Marque d'aucun autre Libraire

en quelle Officine les Livres auront esté imprimez, & lesquels se vendront ausdites Officines, & non-ailleurs.

braire ou Imprimeur ; à peine d'estre punis comme faussaires, de Trois mil livres d'amende, & de confiscation des Exemplaires.

Declar. de Henry II. 27. Juin 1551.
ART. IX.

Sans qu'ils supposent le nom d'autruy, sur peine de confiscation de corps & de biens, & d'estre declarez faussaires. Et est enjoint à tous nos Sujets quels qu'ils soient indifferemment, que quand ils auront connoissance que lesdits Livres auront esté imprimez faussement & sous le nom d'autruy, de ne les tenir & garder : Mais incontinent les apporter en Iustice, comme Livres suspects, sous peine d'estre punis comme les Iuges verront à faire, selon le merite & exigence de la faute commise en cét endroit.

Regl. 1618. ART. V. & LXXX.

Sans qu'ils supposent le Nom d'autruy, sur peine de confiscation de corps & de biens, & d'estre declarez faussaires. Voulons que nos Subjets apportent tels Livres en Iustice, sous peine d'estre punis comme les Iuges verront estre à faire, selon la faute.

Est défendu aux Libraires & Imprimeurs, de supposer ou déguiser le Nom, la Marque ou le lieu auquel lesdits Livres seront imprimez, aux peines de confiscation de tous les Exemplaires qui se trouveront, & de Trois mil livres d'amende pour la premiere fois.

Philippes Thynguy Libraire à Lyon appellant du Seneschal & des Presidiaux à Lyon, demandant l'enterinement d'une Requeste par luy presentée le 3. Juin 1559. & Damoiselle Jeanne Giunty demeurant à Lyon, Fille & Heritiere de Jacques Giunty, en son vivant Bourgeois de Lyon, partie appellée & Défenderesse, sans préjudice des qualitez des Parties. Ce Giunty & Moderny estoient venus demeurer & s'habituer à Lyon, &

prirent Logis en mesme ruë, & pour la Marque de leurs Livres, la Fleur de Lys de Florence, tamée entre les Fleurons, à la difference de celle de France, & continüerent le trafic ensemble, sans qu'il y eut confusion, y mettant chacun d'eux son Nom. Ladite Giunty voyant que Tinghy, qui est aussi Florentin, a pris la mesme Marque, l'a fait adjourner pardevant le Senefchal de Lyon, ou son Lieutenant, à ce que défenses luy fussent faites de prendre ladite Marque, recusa M. Bulyon Maistre des Requestes ordinaires de l'Hostel, il recusa aussi le Lieutenant general, parent *in 3. gradu* ; Et fut neantmoins ordonné qu'on procederoit, dont est l'appel, la Cour estant saisie de la cause, l'Appellant prend cession de la Sœur de cette Damoiselle, qui s'estoit ostée hors de cause : Cét Appellant avoit obtenu Privilege pour faire imprimer plusieurs Livres, l'Intimée en avoit obtenu vn autre pour les mesmes Livres, & sur ce renvoyées à l'Audiance. La Cour par son Arrest du 7. Decembre 1579. ayant évoqué le tout à soy, ordonna que pour le regard de la Marque, elle demeureroit audit Giunty, comme l'ayant premierement occupée.

Charles IX. à Paris, le 10. Septembre 1572. Art. 10. à la fin. Défenses sont faites de déguiser ou supposer le Nom ou le lieu auquel les Livres seront imprimez, sur peine de confiscation des Livres, & d'amende arbitraire.

Sentence du Prevost de Paris le 24. Avril 1598. contre Pierre Chevillot, Imprimeur demeurant à Troyes, qui avoit mis en vn Livre par luy imprimé, *Parisiis apud Ioannem de Hucqueville*, pourquoy fut dit que ledit premier Feüillet seroit biffé & déchiré, & par luy refait, condamné en deux Escus d'amende, & és dépens raxez trois Escus ; avec défenses à luy & tous autres Libraires & Imprimeurs, de contrevenir à l'Ordonnance.

Par Arrest du 12. Aoust 1609. M. Bouchel plaidant pour la Communauté des Libraires de Paris, contre Pierre Choüet Libraire de Genéve, qui avoit en vn Livre par luy imprimé, au lieu de la Ville de Genéve, mis imprmé à Lyon, fut condamné en cent livres d'amende, applicable à l'aumofne de Lyon, & aux dépens liquidez à quatre-vingt livres parisis. Et sur les Conclusions de Monsieur le Procureur general du Roy, la Cour fit défenses tant audit Choüet, qu'autres, d'imprimer ou faire imprimer aucuns Livres que le nom de la Ville, & de celuy qui l'aura imprimé n'y soit expressément & disertement exprimé & declaré au commencement du Livre, à peine de confiscation desdits Livres, d'amende arbitraire, & de punition corporelle, s'il y échet.

Sentence du Chastelet, contre Joseph Guerreau Maistre Imprimeur, & Jean Vialla Compagnon Imprimeur son Serviteur, du 15. Juillet 1617. défenses sont faites audit Guerreau d'imprimer aucune chose sous le nom dudit Vialla, ny à iceluy Vialla prester son nom, à peine de Prison, & de punition corporelle, & Decret d'adjournement decerné contre tous les deux. Autre pareille Sentence contre lesdits Vialla & Guerreau, du 4. Aoust ensuivant. Par Arrest donné au Conseil Privé du Roy le 24. Mars 1618. tres-expresses défenses furent faites à tous Imprimeurs & Libraires, de vendre aucuns Livres esquels le nom des Libraires & des Villes où l'impression aura esté faite ne soient specifiez, & particulierement le Livre du Cours Canon, sur peine de confiscation desdits Livres, dépens, dommages & interests, & punition corporelle, s'il y échet.

Sentence du 27. May 1621. contre Denys de la Noüe, qui avoit imprimé des Usages avec la Marque de Jean Richer & autres, fut condamné à casser & biffer les premieres Pages, & à rendre ladite Marque, à peine de mil livres d'amende.

Sentence du 2. Octobre 1671. contre E. M. qui avoit receu vne Balle venant d'Hollande, dans laquelle il se trouva grand nombre d'un Livre qui avoit pour Titre, *l'Aimable Mere de Iesus*; Et au bas imprimé à Amiens, chez la Veuve Hubaut avec Privilege, & ledit Livre estoit imprimé à Amstredam chez le Sieur Elzevir: Laquelle Balle fut confisquée au profit de la Communauté, & venduë le 7. ensuivant en la Chambre Syndicale.

Declaration de Charles IX. à Paris, le 10. Septembre 1572.
Art. X.

Seront faites inhibitions & défenses à tous Marchands Libraires & Imprimeurs de ce Royaume, de ne faire imprimer hors la France, sur peine de confiscation des Livres imprimez, & d'amende arbitraire. L. P. R. en Parlement le 17. Avril 1573.

Regl. 1618. Art. IV.

Défenses sont faites à tous Libraires, Imprimeurs & Relieurs, de faire imprimer Livres, en quelque forme que ce soit, hors ce Royaume, Païs & Terres de l'obeissance du Roy, à peine de confiscation de tous les Exemplaires qui se trouveront, & de Trois mil livres d'amende pour la premiere fois.

Art. VI.

Defenses sont faites à tous Imprimeurs & Libraires, d'imprimer ou faire imprimer aucun Livre de Privilege hors le Royaume, à peine de confiscation de tous les Exemplaires qui se trouveront, & de quinze cent livres d'amende pour la premiere fois, applicable moitié au profit de la Communauté.

Arrest du 3. Aoust 1579. contre Philippes Tinghy de Lyon, par lequel défenses sont faites à tous Libraires de faire imprimer hors le Royaume, sur peine de quatre mil escus d'amende.

Arrest du Conseil Privé du 18. Novembre 1625. entre les Syndic & Adjoints de la Communauté des Libraires & Imprimeurs de Paris, contre Sebastien Cramoisy, portant défenses audit Cramoisy d'imprimer aucuns Livres hors le Royaume de France, tant qu'il sera Imprimeur & Libraire en l'Université de Paris, à peine de confiscation & d'amende arbitraire.

Regl. 1618. Art. VI.

Les Auteurs des Livres ou Correcteurs ne pourront avoir d'Imprimerie ou Presses en leurs Maisons ny ailleurs, pour im-

Art. VII.

Les seuls Imprimeurs auront des Presses & Caracteres servans à imprimer, défendons à toutes

primer ou faire imprimer leurs Livres, ny les vendre, ny faire afficher sous leurs noms ou autres ; ains leur sera permis les faire imprimer pour estre vendus par des Libraires, Imprimeurs & Relieurs, & non par d'autres, à peine de confiscation & d'amende aux contrevenans.

autres personnes d'en avoir, ou tenir en quelque lieu que ce soit, & sous quelque pretexte que ce puisse estre, à peine de punition exemplaire, de confiscation des Presses & Caracteres, & de trois mil livres d'amende. Défendons pareillement à toutes personnes, autres qu'aux Imprimeurs & Libraires, de vendre & debiter aucuns Livres, & de les faire afficher, pour les vendre en leurs noms, soit qu'ils s'en disent les Auteurs ou autrement, à peine de cinq cens livres d'amende contre les contrevenans, & de confiscation desdits Livres.

Sentence contre le Pere François Loriot Jesuite, du 6. Octobre 1614. par laquelle défenses sont faites audit P. Loriot, & aux Prestres & Escolliers du College de Clermont, de tenir aucunes Presses, Caracteres & Ustenciles de Librairie, Imprimerie & Relieure, ny d'entreprendre à l'advenir sur l'art & fonction desdits Imprimeurs, Libraires & Relieurs de Livres, à peine de confiscation, & de trois mil livres d'amende.

L'Arrest de verification du 9. Juillet 1618. porte que toutes les Presses qui sont és Maisons particulieres des Sujets du Roy, & autres Maisons d'Estrangers, sans aucune difference & exception, seront abattruës & ostées dans quinzaine ; autrement & à faute de ce faire dans ledit temps, & iceluy passé, si aucune se trouve esdites Maisons, seront à la diligence du Substitut du Proeureur general du Roy, saisies & venduës au plus offrant & dernier encherisseur, & les deniers employez à la nourriture des Pauvres enfermez. Et a la Cour fait tres expresses inhibitions & défenses à tous Maistres Imprimeurs & Compagnons, de travailler directement ou indirectement ausdites Presses de Particuliers ou Estrangers, à peine de décheance de tous Privileges, & de punition corporelle.

Declaration du Roy du 21. Decembre 1630. Défenses à tous Particuliers de tenir Imprimerie chez eux, & ausdits Ouvriers de travailler en icelle, sur peine de confiscation desdites Imprimeries, & chastiment exemplaire.

Sentence du 9. Juin 1640. entre les Syndic & Adjoints de la Communauté des Imprimeurs & Libraires de Paris, contre les Religieux, Prieur & Convent des Jacobins, portant défenses ausdits Religieux, & à toutes autres Communautez de faire vendre leurs Livres par d'autres que des Libraires ou Imprimeurs, ny d'imprimer aucunes Affiches où l'adresse soit ailleurs qu'en la maison d'un Libraire ou Imprimeur, &c.

Ordonnance du 29. Septembre 1643. Défenses à toutes Personnes de tenir Presses dans

leurs Maifons particulieres, mefme és Monafteres & Colleges fermez.
Arreft du 17. Janvier 1645. fur le mefme fujet.

Arreft du Confeil d'Eftat du 6. Octobre 1667. Fait Sa Majefté défenfes à toutes fortes de Perfonnes de quelque qualité & condition qu'elles foient, à tous Chefs & Superieurs des Colleges, Convents & Communautez, d'avoir & tenir aucunes Preffes & Imprimeries, de vendre ny debiter aucuns Livres, & ce fous quelque pretexte que ce foit, fur les peines portées par les Ordonnances & Reglemens, & de confifcation des Livres, Preffes & Imprimeries.

Arreft du 11. Avril 1674. portant les mefmes défenfes que celuy du 6. Octobre 1667.

Arreft du Parlement de Roüen, du 11. Février 1675. Défenfes à tous Colleges, Communautez, & Maifons Religieufes, d'avoir aucunes Imprimeries chez eux ou en leurs Maifons particulieres, ny de vendre & debiter aucuns Livres que par les mains des Libraires, à peine de deux cens livres d'amende, &c.

Sentence du 21. Aouft 1682. pour les Syndic & Adjoints, contre Sebaftien Maffe de la Faveur, Domonftrateur de Chymie, qui avoit fait afficher & faifoit vendre chez le Sieur Daumont ruë de la Huchette, vn Traitté de Chymie, qui fut confifqué, avec défenfe de le faire vendre par d'autres u'un Libraire ou Imprimeur, & aux dépens.

Sentence du 13. Novembre 1682. pour les Syndic & Adjoints, contre Robert le Doux, qui avoit vne Imprimerie à l'Hoftel de Charny, où il imprimoit le Tymbre pour Meffieurs les Fermiers Generaux, fut confifquée avec les Caracteres & Uftenciles, & fut venduë en la Chambre Syndicale, & aux dépens.

Regl. 1610. Art. IV.

Et au dedans de l'Vniverfité, au deffus de l'Eglife de Saint Yves, aufquels lieux pareillement demeureront, & non ailleurs, les Fondeurs de lettres & Relieurs; Et au regard des Marchands Libraires, au dedans de ladite Vniverfité, au deffus de ladite Eglife de Saint Yves, & au Palais, aux lieux accoûtumez.

Interdifant dés à prefent l'exercice de ladite Imprimerie, en lieux fecrets, Chambres locantes, Faux-bourgs, Vil-

ART. VIII.

Les Libraires & Imprimeurs qui auront Imprimerie & Boutique de Librairie, les tiendront dans l'Univerfité en mefme lieu, & non feparément; Et à l'égard des Libraires qui n'auront Imprimerie, ils pourront tenir leurs Boutiques dans ladite Univerfité, & au dedans du Palais, & non ailleurs: A l'exception neantmoins de ceux qui voudront fe reftraindre à ne vendre que des Heures & petits Livres de Prieres feulement, auquel cas ils pourront encore demeurer aux environs du Palais, &

lages proches, Colleges & Monasteres, ains en lieux publics.

Regl. 1618.   Art. VII.

Est défendu à tous Libraires, Imprimeurs & Relieurs, tenir & avoir plus d'une Boutique & Imprimerie, laquelle ils tiendront en l'Vniversité, au dessus de Saint Yves, ou au dedans du Palais, & non ailleurs; sinon ceux qui voudront se restraindre à ne vendre que des Vsages.

dans la rüe Noftre-Dame, & non ailleurs, à peine de confifcation des autres Livres dont ils fe trouveront faifis, & d'amende arbitraire. Et afin que fous le mot d'*Vniverfité*, quelques Libraires & Imprimeurs n'affectent pas d'aller demeurer dans les lieux les plus écartez de l'eftenduë de ladite Univerfité; Nous voulons qu'ils foient tenus d'eftablir leurs demeures, depuis l'extremité du Pont Saint Michel, au delà de l'Egoût du Pont Saint Michel, & au dedans; & depuis la rüe de la Huchette, rüe de la Bucherie, jufqu'à la rüe du Foüare, rüe Galande, Place-Maubert, rüe du Murier, rüe Saint Victor, Montagne Sainte Geneviéve, jufqu'à la Porte S. Marcel; & rüe des Preftres Saint Eftienne du Mont, Carré de Saint Eftienne, rüe Saint Eftienne des Grecs, rüe Saint Jacques jufqu'à la Porte de la Ville: Rüe des Cordiers, Place de Sorbonne, rüe de la Harpe, rüe de la Bouclerie, Carrefour du Pont Saint Michel, rüe des trois Mores & Quay des Auguftins, jufqu'à la rüe Dauphine, & au dedans de toutes les Rües qui font enfermées dans l'enceinte de celles cy-deffus défignées: A l'exception toutefois des Colleges & Communautez, tant Regulieres que Seculieres, lieux pretendus privilegiez & renfermez, efquels Nous défendons aufdits Imprimeurs & Libraires, de tenir leurs Imprimeries & Boutiques, ny d'y faire leur demeure, à peine de privation de leur Maiftrife, & de plus grande, s'il y échet.

Arreſt contre David Douceur, du 8. jour d'Aouſt 1600. Sentence du Prevoſt de Paris, contre Jean de Heuqueville, du 30. May 1601. en execution d'autre Sentence du 3. Avril précedent, par laquelle il luy eſtoit enjoint d'aller demeurer en l'Univerſité, & juſques à ce, défenſes d'expoſer en vente aucuns Livres. Autre Arreſt contre Fleury Bouriquant, du 3. Juillet 1604.

Sentence du Prevoſt de Paris, du 18. Avril 1608. par laquelle Barbotte, du Courroy & Belle, Imprimeurs, ſont condamnez ſe retirer & porter leurs Preſſes en l'Univerſité, nonobſtant oppoſitions ou appellations quelconques. Barbotte en appella, diſant qu'il eſtoit Queſtionnaire de la Cour, & que pour l'exercice de ſa Charge, il eſtoit contraint de s'approcher du Palais. Neantmoins la Cauſe eſtant appellée à ſon tour de Rolle, de laquelle M. Bouchel eſtois chargé pour la Communauté des Libraires & Imprimeurs, il n'oſa conclure en ſon appel, & laiſſa donner Congé par Arreſt du 9. Decembre 1608.

Sentence du Chaſtelet du 17. Decembre 1610. contre Nicolas Callemont.

Ordonnance du Lieutenant Civil du 19. May 1616. que Commandement ſera fait à tous Libraires & Imprimeurs, de ſe retirer & vendre leurs Livres, & tenir Imprimeries, au détroit de l'Univerſité, dans vingt-quatre heures, & ce temps expiré, permis aux Syndic & Gardes faire ſaiſir leurs Marchandiſes, pour eſtre confiſquées & employées aux Affaires de la Communauté; & ce nonobſtant oppoſitions ou appellations quelconques.

Autre Sentence du 17. Juin 1617. par laquelle, en conſequence des Arreſts, Sentences & Reglemens, Claude Percheron Imprimeur, & tous autres Libraires, Imprimeurs, Relieurs & Eſtalleurs, ſont condamnez vuider des lieux par eux occupez, & ſe retirer dedans le détroit de l'Univerſité, au deſſus de l'Egliſe de Saint Yves; ſinon & à faute de ce faire, ſeront leurs Marchandiſes & Imprimeries confiſquées, & leurs biens mis ſur les Carreaux.

Autre Sentence confirmative du 13. Juillet 1617. contre Claude Hulpeau, Paul Menſan & Antoine Champenois. Autre Sentence du 15. Juillet enſuivant, contre Joſeph Guereau Maiſtre Imprimeur. Autre pareille du 4. Aouſt 1617.

Arreſt du 27. Novembre 1618. faiſant défenſes à tous Libraires & Imprimeurs, d'imprimer & debiter des Livres à Charenton ſans permiſſion, à peine de punition exemplaire.

Arreſt du premier Avril 1620. portant à tous Imprimeurs & Libraires, de ſe retirer en l'Univerſité, ſur peine de la vie.

Sentence du 4. Juillet 1620. par laquelle eſt fait défenſes à Jean Gaſſelin, Martin Gobert & autres, de tenir plus d'une Boutique ouverte, & ſont condamnez aux dépens.

Arreſt du 4. Mars 1621. ſur le meſme ſujet.

Sentence contradictoire du Bailliage du Palais, du 18. Janvier 1623. par laquelle le nommé Boutruve est condamné en huit livres d'amende , pour avoir tenu deux Boutiques ouvertes , & défenses d'oresnavant de les ouvrir toutes deux, à peine de confiscation.

Autre Arrest du 22. Avril 1623. confirmatif du precedent, avec défenses de loger dans les Colleges.

Declaration du Roy du 6. Février 1625. Sentence du 14. Février 1625. qui ordonne de se retirer en l'Université, sans toutesfois qu'ils logent dans les Colleges, &c.

Arrest du 17. Avril 1627. contre David Gilles, Jean Promest, Estienne Saulier, Nicolas Flament , Georges Belier , François Beauplet , Adam Pardessus , la Veuve Seveftre , & Yves de Laiftre & Consors, se retirerent en l'Université.

Autre Arrest du 29. Janvier 1628. contre Mathieu Guillemot, Pierre Billaine, Louis Boulenger & consors, se retirerent en l'Université, & declare les Livres qui se trouveront estallez, tant sur le Pont-neuf, qu'autres lieux hors ladite limite, acquis & confisquez.

Autre Arrest du 2. Mars 1628. contre Bellier, le Maiftre, Piot & consors, confirme ledit Arrest du 29 Janvier 1628.

Autre Arrest du 18. Juin 1629. qui confirme les Arrefts cy-deffus.

Autre Arrest du 5. Juillet 1629. qui confirme celuy du 18. Juin 1629.

Declaration du Roy du 11 Decembre 1630. portant défense de tenir plus d'une Boutique & Imprimerie, & ce en l'Université, quoy que Proprietaires de Maisons ailleurs situées, à peine d'eftre décheus de leur profeffion, & pour la seconde fois de punition corporelle.

Ordonnance du 24. Septembre 1643. Enjoignons à tous Imprimeurs de se retirer en l'Université.

Arrest du 17. Janvier 1645. portant de se retirer en l'Université, à faute de ce faire confiscation des Preffes, &c. Autre Sentence du 4. Janvier 1650. portant que les Imprimeries & Marchandises de Librairie seront portées en la Chambre, en attendant que les Proprietaires ayent trouvé logement en l'Université.

Arrest du onziéme Septembre 1649. portant défenses d'étaller sur le Pont-neuf.

Arrest du 17. Mars 1650. pour les Syndic & Adjoints, contre Denis de Lay, Nivelle & consors d'autre, portant défenses auídits d'étaller sur le Pont-neuf, &c.

Autre Sentence du 2. Avril 1650. sur le mefme sujet.

Arrest du 19. Septembre 1650. qui enjoint au Baillif du Palais ou son Lieutenant, de faire déloger inceffamment lesdits Libraires de deffus le Pont-neuf & Isles du Palais, & de mettre leurs meubles sur le carreau, &c.

Sen-

Sentence du 30. Aoust 1653. pour les Syndic & Adjoints, contre Victor Baudet Marchand Libraire, qui estoit par la Ville détenu Prisonnier, fut élargy à condition de ne plus estaller des Livres aux lieux prohibez, à peine de deux cens livres d'amende, payable par corps.

Sentence du Chastelet du 2. Septembre 1653. qui condamne Jean Thibout & Olivier de Varennes à quitter leurs Boutiques & à demeurer dans l'Université, à peine de deux cens livres d'amende.

Autre Sentence du Chastelet du 22. Septembre 1657. renduë au profit de la Communauté des Libraires, contre Denis Alexandre, la Veuve du Gast, Denis Pellé, Henry Ruffin, Alexandre Lesselin, Nicolas Pepingué, René Mazuel, Cristophle Lambin, Nicolas Bessin, Nicolas Asselin, Thomas de la Carriere, Jean-Baptiste Nego, André Chouqueux & Martin Mestayer, Maistres Imprimeurs & Libraires, par laquelle est ordonné qu'ils seront tenus de vuider des lieux où ils sont demeurans, & de se ranger dans l'étenduë de l'Université, sçavoir depuis les ruës de la Buscherie, de la Huchette & Vieille-Bouclerie, en montant jusques aux Portes Saint Michel, Saint Jacques, Saint Marcel & Saint Victor, & à faute de ce, leurs Meubles mis sur les carreaux, avec défenses d'exposer en vente aucune Marchandise de Livres, ny tenir Imprimerie hors des limites & étenduë de l'Université, à peine de confiscation, & sont condamnez chacun en vingt livres parisis d'amende, applicable aux necessitez de la Communauté.

Ordonnance du 17. Mars, 1663. portant de se retirer en l'Université à peine de cinq livres cens d'amende.

Arrest du 6. Juillet 1663. sur le mesme sujet.

Sentence du 15. Juillet 1663. contre Boüilleror, Pellé, Lambin & la Carriere, condamnez à se retirer d'autour du Palais & leurs Escriteaux aussi dans trois jours pour tout délay, & contraints par corps.

Arrest du Conseil d'Estat du 17. Février 1667. contre Baudry pour se retirer en l'Université, nonobstant & sans avoir égard au Privilege par luy pretendu, que Sa Majesté a cassé & revoqué, nonobstant oppositions, dont si aucunes interviennent, Sa Majesté s'en est reservé la connoissance.

Arrest du 6. Septembre 1667. contre les susdits, qui confirme ladite Sentence.

Arrest du 23. Aoust 1680. contre le Principal, Procureur & Boursiers du College de Bayonne, tant en leurs noms que comme prenant le fait & cause de Pierre Julien, Libraire & Relieur, leur Portier, condamne ledit Julien à sortir dudit College.

C

ART. IX.

DEFENDONS à tous Imprimeurs & Libraires, de mettre aucun Ecriteau portant qu'ils tiennent Imprimerie, qu'ils impriment Factums, Arrests, & autres chofes femblables, ailleurs que dans le lieu où fera actuellement leur Imprimerie, à peine de Trois cens livres d'amende pour la premiere fois, applicable moitié au profit de la Commuuauté.

Sentence du 22. Octobre 1663. portant défenfe de mettre aucuns Ecriteaux, portant *Ceans y à Imprimerie &c.* qu'aux lieux où font actuellement leurs Imprimeries, & ce dans l'étenduë de l'Univerfité, à peine de quatre cens livres parifis d'amende.

Declar. de Louis XIII. à Paris, au mois d'Avril 1617.

Avons ordonné, Qu'à l'avenir ne fera octroyé à quelque perfonne que ce foit, aucun Privilege pour faire imprimer ou expofer en vente aucun Livre, finon à la charge d'en mettre gratuitement deux Exemplaires en nôtre Biblioteque publique. Et ne commanceront les Marchands Libraires, ny autres perfonnes, à jouïr du Privilege, que du jour que lefdits deux Exemplaires auront efté par eux fournis en noftredite Biblioteque, dont ils prendront Atteftation ou Certificat du Garde d'icelle. L. P. R. en Parlement le 7. Septembre 1617.

ART. X.

Tous les Libraires & Imprimeurs, faifant imprimer des Livres avec Privileges, feront tenus de mettre en nôtre Biblioteque publique, deux Exemplaires defdits Livres en blanc, defquels ils tireront Acquits; Un en celle de nôtre Château du Louvre, & un en celle de nôtre tres-cher & feal Chancelier de France, huit jours aprés les Impreffions defdits Livres achevées; le tout à peine de nullité des Privileges. Seront pareillement tenus de mettre un autre Exemplaire defdits Livres, entre les mains du Syndic & Adjoints de la Communauté des Libraires & Imprimeurs, qui s'en chargeront au profit de ladite Communauté.

Regl. 1618. Art. VIII.

Tous Libraires, Imprimeurs ou Re-
lieurs faisans imprimer Livres avec Pri-
vileges, sont tenus bailler & mettre
en la Biblioteque du Roy, deux Exemplai-
res desdits Livres en blanc, desquels ils
tireront Acquit, & outre ce, ils sont tenus
mettra és mains du Syndic & Adjoints
aussi vn Exemplaire de chacun Livre
qu'ils imprimeront, huit jours apres
les impressions desdits Livres, pour
estre employé aux affaires de la
Communauté.

Sentence du Chastelet du 14. Juin 1617. François Pommeray Maistre Imprimeur à Paris, fut condamné délivret à ladite Communauté vn Exemplaire en blanc de tous les Livres par luy imprimez, ou fait imprimer, depuis le 1. Avril 1614. à ce faire contraint tant par la Saisie & Vente de ses Biens, qu'autres voyes deuës & raisonnables, nonobstant oppositions ou appellations quelconques. Autre Sentence du 23. Novembre 1619. contre Pierre Louis Fevrier, & Marie Hedin Veuve de feu Julien Berthault, par laquelle ils sont condamnez mettre és mains du Syndic & Gardes, vn Exemplaire entier & parfait de tous les Livres qu'ils ont imprimez ou fait imprimer, tant en general que particulier, & à ce faire contraints solidairement, sauf leur recours les uns contre les autres, & envers leurs Associez; & ce huit jours apres qu'ils feront parachevez d'imprimer, & à toutes les fois qu'ils feront réimprimez; à faute de ce faire payeront doublement, & sera ladite Sentence commune avec tous les Libraires, Imprimeurs & Relieurs de cette Ville de Paris. Et sera executée nonobstant oppositions ou appellations quelconques, faites ou à faire.

Sentence du 13. Aoust 1620. par laquelle Nicolas Rousset est condamné mettre és mains du Syndic desdits Libraires, vn Exemplaire d'un Livre qu'il avoit fait afficher, & condamné aux dépens, avec défenses à tous autres d'afficher avant que d'en avoir donné vn Exemplaire au Syndic.

Arrest du Conseil d'Estat du 21. Octobre 1638. par lequel est ordonné que tous Libraires & Imprimeurs feront tenus de fournir les Exemplaires dans la Biblioteque du Roy & de Monsieur le Chancelier, à peine de confiscation des Exemplaires.

Sentence du 14. Octobre 1641. Défenses à tous Libraires & Imprimeurs, d'exposer en vente ny afficher aucun Livre qu'ils n'ayent envoyé au Syndic l'Exemplaire qui est deû pour les affaires de la Communauté, à peine de trois cens livres parisis d'amende.

Arrest du Conseil d'Estat du 19. Mars 1656. Ordonne que tous Autheurs, Libraires & Imprimeurs, tant de son Royaume qu'Estrangers, qui ont obtenu Privlieges, feront renus de fournir les Exemplaires des Livres qu'ils font oblig:z, par les Lettres, de mettre aux Bibliotecques du Roy & de Monfieur le Chancelier, à faute de ce faire, Sa Majefté dés à prefent a caffé & revoqué lefdits Privileges.

Sentence du Chaftelet du 10. Mars 1676. rendu contre Criftophle Ballard, Pierre Bienfait, Charles Chenault, André Cramoify, & la Veuve Dauplé, qui les condamne à fournir les Exemplaires des Livres par eux imprimez à la Communauté dans trois jours pour tout delay.

Regl. 1618. ART. IX.

Défenfes font faites, fuivant les Edits & Arrefts, à toutes perfonnes qui ne font Libraires & Relieurs, & qui n'en ont efté Apprentifs en la Ville de Paris, de tenir boutique ou magazin de Livres & d'acheter pour revendre en gros ou en détail, aucuns Livres reliez, blancs, Heures, Breviaires, Alphabets, Romans neufs, vieux, frippez, ou vieux papiers, que l'on dit à la rame, ny vieux Parchemins, fur peine de confifcation & d'amende.

ART. XI.

DEFENDONS à toutes perfonnes autres qu'aux Maiftres Imprimeurs & Libraires, de tenir boutique ou Magazin de Livres, & d'achepter pour revendre en gros ou en détail aucuns Livres reliez ny en blanc, ou vieux Papiers fous Titre de Papier à la Rame, ou de vieux Parchemins. Sera neantmoins permis aux Femmes & Veuves des Maiftres Relieurs, & celles des Compagnons Imprimeurs, Librai- & Relieurs, qui en auront obtenu le confentement du Syndic par écrit, & des Adjoints, d'acheter & revendre les Livres, Papiers à la Rame, & les vieux Parchemins pour l'ufage des Imprimeurs, Libraires & Relieurs, en obfervant par elles le contenu en l'Article fuivant, & non autrement.

L'an 1577. les Recteur, Docteurs, Regens, & les 24. Jurez & Suppofts de l'Univerfité de Paris, par Requefte prefentée à la Cour, firent plainte que, plufieurs tant Frippiers, Coûturiers Savatiers, que Revendeurs, A plufieurs autres perfonnes s'ingeroient, & de fait achetoient & vendoient ordinairement des Livres tant neufs que frippez, fubornans & recelans plufieurs Enfans, Efcholiers & Serviteurs des Libraires, mefmes vendoient des Parchemins & Papiers, dont en eftoit advenu plufieurs inconveniens, & alloient par les Maifons fufciter les Serviteurs & Servantes, tant pour Livres, Papiers, Regiftres & Parchemins, qu'autres chofes, qui pouvoient porter confequence, plus que beaucoup ne pourroient penfer, & cependant on eftime que ce foient Libraires qui en avoient ja receu deshonneur. La Cour, veuës les Conclufions du Procureur General du Roy, & de fon confentement, par Arreft du 27. Juin audit an 1577. fit inhibtions & défenfes à toutes perfonnes de quelque eftat, qualité & condition qu'elles foient, qui ne font Libraires ou Relieurs, & qui n'en ont efté apprentifs, tenir Boutique ny magazin, vendre n'acheter en gros ny en détail aucuns Livres, grands ou petits, de quelque forte qu'ils foient, Heures ny Breviaires, reliez, blancs, neufs ou fripez, ny vieux Papiers, que l'on dit à la rame, & vieux Parchemins.

L'an 1612. le 23. jour d'Aouft, fut donné Arreft contradictoire, & fur production des Parties, entre les Syndic & Gardes de la Communauté des Marchands Libraires & Imprimeurs de la Ville & Univerfité de Paris, Demandeurs en execution d'Arreft, fuivant la Requefte par eux prefentée à la Cour le 4. Février precedent d'une part, & les Maiftres & Gardes de la Marchandife de Mercerie & Papetiers de Paris, Défendeurs d'autre, par lequel la Cour a fait inhibitions & défenfes aux Défendeurs de vendre ny acheter aucuns Livres grands ou petits, en gros ou en détail, Heures, Prieres ou Breviaires, reliez ou blancs ou frippez, à peine de confifcation d'iceux, & d'amende arbitraire. Pourront neantmoins vendre des A. B. C. D. & Almanachs feulement, comme il leur a efté cy-devant permis, & font condamnez és dépens. Acquiefçant auquel Arreft, lefdits Merciers demanderent & obtindrent de la Cour plufieurs delais pour fe deffaire des Livres qu'ils avoient en leur poffeffion : Et depuis lefdits Merciers ayant obtenu Lettres en forme de Requefte Civile contre lédit Arreft du 23. jour d'Aouft 1612. & autres Lettres de Declaration du Roy, qu'ils avoient par furprife fait verifier en la Cour, à l'execution defquelles les Libraires fe feroient oppofez, feroit intervenu Arreft le 17. Decembre 1616. par lequel fur la Requefte civile les Parties font mifes hors de Cour & de Procez. Et neantmoins faifant droit fur l'Inftance d'oppofition, ordonne la Cour que lefdits Maiftres & Gardes de la Marchandife de Mercerie, Grofferie & Joyallerie pourront continüer la vente tant en gros qu'en détail des Almanachs & Alphabets, comme ils ont fait cy-devant, & encore vendre toutes fortes d'Heures & Prieres imprimées hors de cette Ville de Paris, fans toutesfois pouvoir par lefdits Maiftres & Gardes vendre Breviaires, Diurnaux & Pfautiers; Ce qui fera pareillement gardé en la Ville de Rheims, fans dépens. En l'an 1618. le Syndic des Libraires fit faifir plufieurs Livres d'Heures fur Jean Perdoux & Pierre Perrichon, Marchands Merciers en cette Ville de Paris, & par Requefte prefentée à la Cour, en demanda la confifcation. Par Arreft du 3. Février audit an, la Cour declara ladite Saifie de Livres d'Heures & Prieres, imprimées en cette Vilie de Paris, bonne & valable; Ordonna, & de grace pour cette fois, que lefdits Livres d'Heures & Prieres faifis feroient rendus aufdits Défendeurs, à la charge de les vendre dans trois mois pour tous delais, leur a fait inhibitions & défenfes de contrevenir aux Arrefts des 22. Aouft 1612. & 17. Decembre 1616. ne vendre à l'avenir Heures & Prieres imprimées en la Ville de Paris, à peine de confifcation, que dés à prefent ladite Cour ordonne eftre executé, & en cas de contravention, fans efperance d'aucune grace & delay à l'avenir pour ce regard, & d'amende arbitraire, & condamne lefdits Défendeurs és dépens. Arreft entre Euftache Foucault Marchand Libraire, & Pierre Perrichon Marchand Mercier, du 22. Decembre 1614.

Arreft contradictoire du 27. Octobre 1612. par lequel eft fait défenfes aux Merciers, Papetiers & Quincailliers de vendre aucuns Livres, à peine de confifcation.

Arreft contradictoire du 23. Octobre 1613. par lequel de grace a efté accordé aux Marchands Merciers vn délay de trois mois, pour vendre les Livres & Heures qui leur reftoient, avec défenfes d'en achepter d'autres.

C iij

Sentence contradictoire du 5. Novembre 1625. par laquelle les Heures impreſſion dé Paris, ſaiſies ſur Nicolas Gaillard Marchand Mercier, ont eſté confiſquez au profit de la Communauté deſdits Marchands Libraires, & ledit Gaillard condamné en huit livres pariſis d'amende.

Sentence contradictoire du 5. Janvier 1626. par laquelle Blaiſe Paſchal Marchand Papetier d'Auvergne, & les Exemplaires des Livres & autres choſes concernant la Librairie ſur luy ſaiſies, ſont declarez confiſquez au profit de la Communauté des Libraires, & eſt condamné aux dépens.

Sentence du 3. Septembre 1664. contre Gilles Deſchamps Marchand Mercier à Paris, qui faiſoit negoce de Livres: Nous diſons que les ſix douzaines, tant grands que petits du Manuel de Devotion, qui ont eſté trouvez à la Viſite avec des A. B. C. ſeront confiſquez au profit de la Communauté, & luy faiſons défenſes de plus entreprendre ſur ladite Communauté, & pour la faute commiſe, le condamnons en trois livres quatre ſols pariſis d'amende, & aux dépens.

Sentence du 10. Juillet 1668. contre Moriceau Chirurgien Juré à Paris, qui ſe meſloit de vendre ſes Oeuvres contre l'Arreſt du 6. Octobre 1667. qui défend à tous Particuliers de vendre des Livres par leurs mains, mais par celles des Libraires & Imprimeurs, fut ordonné que l'Arreſt du 6. Octobre 1667. ſeroit executé, & debouté de ſa demande.

Ordonnance du Bailly du Palais du 21. Juillet 1668. pour les Syndic & Adjoints qui avoient ſaiſi ſur le Sieur Baillard Maiſtre Parfumeur, qui vendoit vn Traité du Tabac, fut declarée la ſaiſie bonne & valable, confiſqué au profit de la Communauté, & aux dépens.

Regl. 1618. ART. IX.   ART. XII.

Défenſes ſont faites, ſuivant les Edits & Arreſts, à toutes perſonnes qui ne ſont Libraires & Imprimeurs, & qui n'en ont eſté Apprentifs en la Ville de Paris, de tenir Boutiques ou Magazins de Livres, & d'achepter pour revendre en gros ou en détail, aucuns Livres reliez, blancs, neufs, vieux, fripez, ou vieux Parchemins & Papiers que l'on dit à la Rame, ſur peine de confiſcation & d'amende.

DEFENSES ſont faites à tous Libraires, Imprimeurs, Relieurs, Doreurs de Livres, & à tous autres, d'achepter aucuns Livres, vieux Parchemins ou Papiers, des Enfans ou Serviteurs des autres Libraires ou Imprimeurs, des Eſcoliers, des Serviteurs domeſtiques, Laquais ou autres perſonnes inconnües, s'ils n'en ont le conſentement par écrit de leurs Maîtres, ou s'ils ne ſont certifiez par d'autres Perſonnes connües & capables d'en répondre: Ce qui ſera pareillement obfervé à l'égard des vieux Parchemins qui font apportez des Provinces pour eftre vendus à Paris. De tous les Papiers livrez à la Rame, & vieux Parchemins ainfi acheptez, il fera fait mention fur les Livres de ceux qui en auront fait l'achapt, enfemble de la qualité dont ils feront, & du nom & demeure de ceux qui les auront vendus ; le tout à peine d'eftre civilement refponfables de tout ce qui fe trouvera avoir efté mal-pris & volé, & d'amende arbitraire contre les contrevenans.

Arreft du 27. Juin 1577. Défendit auffi à tous Libraires, Imprimeurs, Relieurs & à toutes autres perfonnes de quelque eftat, qualité & condition qu'elles foient, de n'acheter ne faire acheter aucuns Livres blans ny reliez, neufs ou fripez, ny Papiers blancs ou imprimez d'aucunes perfonnes, que premierement ils n'ayent affurance ou aveu de ceux qui les font vendre, vers lefquels avant que les acheter, ils feront tenus aller ou envoyer leur notifier, & s'informer d'eux, ou des Hoftes de ceux qui les apporteront à vendre, & ainfi les ayant achetez, en tiendront Regiftre, où ils feront tenus infcrire le jour de l'achapt, & les noms tant des Livres que des Vendeurs, avec leur demeure Sont auffi faites défenfes à toutes perfonnes de fuborner les Enfans ou Serviteurs d'aucuns Libraires, Imprimeurs, Relieurs, ou autres, vendre ny acheter aucuns Livres, ny autres chofes d'eux, ny d'Efcoliers, fans adveu de leurs Peres, Maiftres, Regens ou Pedagogues, à peine de pareille punition que les Recelleurs de Larrons, & confifcation defdits Livres, & autres chofes deffufdites, & d'amende arbitraire contre les contrevenans. Et ordonné que le prefent Arreft feroit leu & publié par les Carrefours de cette Ville de Paris, & Faux-bourgs d'icelle, és lieux accoûtumez, à ce qu'aucun n'en pretende caufe d'ignorance. Ce qui fut fait le 3. jour d'Aouft enfuivant. Sentence du 9. Novembre 1609. du Lieutenant Civil, contre Pierre la Salle, & la Veuve Mille Bardeau, qui n'eftoit de la profeffion, par laquelle il fut dit que les Papiers à la rame feroient vendus & les deniers à eux baillez, & défenfes à l'advenir à eux & à tous autres, à peine d'amende & confifcation, & lefdits de la Salle & la Veuve Bardeau condamnez és dépens.

Sentence du 2. Avril 1655. contre Jean Gandoüin & Louis Gontier, Marchands Libraires à Paris, qui avoient acheté de quelques Particuliers la valeur de 91. rames de Papier à la rame, qui eftoient les Oeuvres du Sieur de Saint Germain, Livres défendus, furent confifquez au profit de la Communauté, pour ne les avoir declarez.

Sentence du Chaftelet du 8. Mars 1660. renduë entre Jean Baffier, Michel Dauplet

& autres, contre Nicolas-Gamet, Guillaume le Franc, Claude Colin & autres, par laquelle leur est fait défenses & à tous autres, s'ils ne sont Marchands Libraires & Imprimeurs, d'acheter, vendre ny debiter aucun Papier à la rame, vieux Parchemins des Procureurs, Greffiers & autres personnes, à peine de confiscation, & de vingt-quatre livres d'amende.

Sentene contradictoire du Chastelet du 6. Septembre 1667. renduë au profit de la Communauté des Marchands Libraires, contre Pierre de Laistre & Pierre Martin, Marchands Merciers, par laquelle le ballot de Livres sur eux saisi a esté confisqué & l'Arrest du 6. Octobre 1667. executé.

Sentence contradictoire du 17. Juin 1670 renduë au profit de la Communauté des Marchands Libraires, contre Nicolas de la Haye Marchand Franger, par laquelle les quatre paquets de Livres sur luy saisis, ont esté confisquez, au profit de la Communauté, & condamné aux dépens.

Sentence contradictoire du 2. Octobre 1676. renduë au profit de la Communauté des Marchands Libraires, contre la Veuve Davier Marchand à Paris, par laquelle les Livres sur elle saisis, ont esté confisquez au profit de ladite Communauté, avec défenses d'entreprendre sur la Librairie, & de faire aucun commerce de Livres, & condamné aux dépens.

Regl. 1610. Art. XXI.

Défenses sont faites, suivant les Edits & Arrests, à toutes personnes qui sont Libraires, Imprimeurs ou Relieurs, & qui n'ont esté Apprentifs en cette Ville de Paris, de tenir Boutiques ou Magazins de Livres, pour vendre en gros & en détail, à peine de confiscation & d'amende.

ART. XIII.

DEFENSES sont aussi faites à toutes sortes de personnes, de quelque condition & qualité qu'elles soient, de vendre en Chambre ou Magazin particulier, aucune sorte de Livres en blanc ou reliez, vieux ou nouveaux, mesme sous pretexte de les vendre à l'encan : Et à l'égard des Biblioteques des personnes decedées, & des Livres des Imprimeurs & Libraires decedez, tous lesdits Livres, en cas de vente, seront vendus dans les Maisons de ceux à qui lesdits Livres appartenoient, si sur la poursüite des Heritages & Creanciers des défunts, il ne soit ordonné par Justice, que lesdits Livres seront vendus en Place publique,

publique, auquel cas ils ne pourront estre exposez que pendant huit jours consecutifs seulement; & aprés lesquels, les Syndic & Adjoints des Imprimeurs & Libraires, seront tenus de les faire saisir & transporter en la Salle de la Communauté, où ils demeureront jusqu'à ce que par Justice il en ait esté autrement ordonné. Ne pourront aussi lesdits Imprimeurs & Libraires, vendre aucuns Livres en aucuns lieux que dans les Boutiques & Maisons où ils feront leurs demeures ordinaires; le tout à peine de confiscation, & d'amende arbitraire.

Arrest du 23. Aoust 1612. entre les Syndic & Adjoints de la Communauté des Imprimeurs & Libraires, & les Maistres & Gardes de la Marchandise de Mercerie & Papeterie de Paris : La Cour fait défenses ausdits Marchands Merciers de vendre aucuns Livres, grands ou petits, en gros ou en détail, Heures, Prieres, ou Breviaires, reliez, en blanc ou fripez, à peine de confiscation & d'amende arbitraire, & condamnez aux dépens.

Arrest du 22. Aoust 1626. (confirmant autre du 20. Février 1620. contre Guillaume Paschal) entre les Syndic & Adjoints contre Blaise Paschal son frere, Marchand Papetier à Paris, fut condamné en deux cens livres d'amende & aux dépens, pour avoir vendu des Livres : Défenses à tous à l'avenir de trafiquer, prendre ny retenir en leur possession aucunes Marchandises de Livres, sous pretexte de nantissement, Gages ou autrement, pour les vendre, ou faire vendre ou debiter par eux ou par personnes interposées, à peine de confiscation & d'amende arbitraire.

Sentence du 15. Février 1662. confirmant vne autre du 22. Novembre 1661. contre Jacques Amaury Advocat, qui avoit exposé en vente des Livres au bout du Pont Saint Michel, lequel fut condamné à porter ses Livres au College Royal, pour y estre vendus, à peine de confiscation.

Arrest du Conseil Privé du Roy, du 20. Mars 1669. Fait Sa Majesté défenses à toutes personnes qui ne sont Libraires, de s'insinüer en aucunes choses concernant l'Estat de Librairie & Imprimerie, ny debiter aucuns Livres, à peine d'amende & de confiscation.

Sentence du 21. Aoust 1682. entre les Syndic & Adjoints de la Communauté des

D

Libraires, & de Blegny Maiſtre Chirurgien, qui ſe meſloit d'avoir Boutique de Librairie. Ordonnons que tous les Livres, tant reliez qu'en blanc ſaiſis, demeureront confiſquez au profit de la Communauté des Libraires & Imprimeurs. Faiſons défenſes audit de Blegny de plus contrevenir aux Reglemens, Statuts & Arreſts concernant ladite Communauté, & de vendre & debiter, ou faire vendre aucuns Livres dans cette Ville de Paris, meſme ceux de ſa compoſition, ſinon par vn Libraire, ſur telle peine qu'il appartiendra ; Et condamnons ledit de Blegny aux dépens.

Regl. 1618.   ART. X.

A R T. XIV.

Eſt pareillement défendu à tous Libraires, Imprimeurs & Relieurs, de faire Eſtalage ny tenir Boutique portative en quelque endroit que ce ſoit, pour vendre Livres, ny meſme eſtaler les Feſtes, à peine de confiſcation de ce qui ſe trouvera, & d'amende arbitraire.

IL eſt pareillement défendu à tous Libraires & Imprimeurs, de faire aucuns Eſtalages de Livres, & d'avoir des Boutiques portatives en quelque endroit que ce ſoit, meſme de tenir leurs Boutiques ordinaires ouvertes les jours de Dimanches & Feſtes, à peine d'amende.

Sentence du Prevoſt de Paris du 8. Novembre 1616. portant défenſes d'étaler les Dimanches & Feſtes.

Arreſt du Conſeil Privé du Roy, contre Nicolas Leſcuyer & Pierre Douceur, Marchands Libraires Privilegiez ſuivant la Cour, du 30. Janvier 1619. touchant les Boutiques portatives.

Autre Sentence du 3. Decembre 1619. contre les nommez du Cheſne, Beauplay, du Bois, Meſnier, Sauſſier & Pepinguy, deſquels les Marchandiſes ſaiſies furent declarées confiſquées, avec défenſes de plus eſtaler, vendre ny debiter aucunes Marchandiſes les Dimanches & Feſtes, à peine de punition corporelle.

Sentence du Bailliage du Palais du 8. May 1621. par laquelle eſt fait défenſes à Guillaume Cochon, Samuel Thibouſt & Martin Gobert, d'ouvrir leurs Boutiques le jour de Saint Jean Porte-Latine, & ſont condamnez en huit ſols pariſis de dépens, pour y avoir contrevenu.

Sentence du 14. Octobre 1662. contre Eſtienne Mirault, Marchand Libraire à Paris, qui avoit deux Boutiques, l'une en la ruë des Mathurins, & l'autre en la ruë de la Harpe, fuſt condamné aux dépens liquidez à trente-deux ſols pariſis, & à fermer vne des deux, à peine de confiſcation des Livres, & quarante-huit livres pariſis d'amende.

Declaration d'Henry II.
du 27. Juin 1551.
ART. XXI.

Et pource qu'il est souvent advenu plusieurs fautes des Porte-paniers, qui sous couleur de vendre quelques Marchandises, portent secrettement des Livres venans de Genéve, & autres lieux mal-famez, il ne sera permis d'oresnavant ausdits Porte-paniers de vendre Livres, grands ou petits : Mais si aucuns en portent & exposent en vente, seront saisis & mis en nostre main, comme à Nous acquis & confisquez, avec toute autre Marchandise qu'ils porteront: Et neantmoins seront punis pour la contravention à ce present Article, selon leur qualité, & ainsi que les Juges verront estre à faire.

Regl. 1618. ### ART. XI.

Il est défendu à tous Imprimeurs & leurs Compagnons, de retenir plus de quatre Copies de tous les Livres qu'ils imprimeront ; A sçavoir, vne Copie pour le Libraire qui fera imprimer ledit Livre, vne pour le Maistre Imprimeur, vne pour le Correcteur, & la quarte & derniere pour les Compagnons, à la charge qu'ils seront tenus la presenter à celuy qui la fera imprimer, laquelle il sera tenu leur payer, ou en cas de refus, il leur sera loisible d'en disposer, ainsi qu'il semblera bon

ART. XV.

Et dautant que certains Porteurs de Balles & soy disans Merciers, allans par la Campagne, sous pretexte de vendre des Heures & des petits Livrets, ont souvent apporté des Païs étrangers, vendu & debité en divers lieux, des Libels diffamatoires, Memoires contre l'Estat & la Religion, des Livres défendus ou contre-faits : Défenses sont faites aux Porteurs de Balles & pretendus Merciers, & autres qui ne sont Maistres Imprimeurs ou Libraires, d'avoir, vendre ny debiter aucuns Livres, de quelque nature & qualité qu'ils puissent estre, à peine de punition corporelle, & de confiscation desdits Livres, & Marchandises qui y seront jointes.

ART. XVI.

Les Imprimeurs & leurs Compagnons, ne pouront retenir plus de quatre Copies de tous les Livres qu'ils imprimeront ; Sçavoir, vne Copie pour le Libraire qui fera imprimer le Livre ; vne pour le Maistre Imprimeur ; vne pour le Correcteur, qui luy servira pour faire les Tables ; & la quatriéme & derniere pour les Compagnons, qui seront tenus neantmoins de presenter ladite Copie à celuy qui aura fait faire l'Impres-

D ij

eftre : & où il s'en trouveroit davan-
tage , feront punis comme infracteurs
des Ordonnances.

fion , & laquelle Copie il retien-
dra, fi bon luy femble, en payant;
& à fon refus , fera permis aufdits
Compagnons d'en difpofer.

Par Sentence du Prevoft de Paris, du premier Février 1618. contre Pierre Paffy Compagnon Imprimeur. Défenfes ont efté faites , tant audit Paffy qu'à tous autres Compagnons Imprimeurs , de retenir plus de quatre Feüilles de chacun Livre qu'ils imprimeront, lefquelles Feüilles lefdits Compagnons Imprimeurs feront tenus de rendre & mettre és mains du Maiftre Imprimeur chez lequel ils travailleront, tous les Samedis, pour eftre toutes lefdites Feüilles remifes entre leurs mains lors que le Livre fera parachevé d'imprimer , pour fervir lefdits quatre Livres & copies, l'une au Maiftre Imprimeur, l'autre au Marchand Libraire qui les fera imprimer, la troifiéme au Correcteur, & la quatriéme & derniere à eux appartenans ; neantmoins fera offerte audit Marchand Libraire, pour leur en payer ce qu'elle vaudra, finon & au refus , permis d'en difpofer comme bon leur femblera, le tout à peine de cent livres d'amende, & de prifon.

Declaration de François I.
du 21. Decembre 1541.
Art. XV.
Lefdits Maiftres ne pourront fouf-
traire ne retirer malicieufement à eux
les Apprentifs , Compagnons , Fon-
deurs ne Correcteurs, l'un de l'autre,
fur peine des interefts & dommages
de celuy qui aura fait la fraude.

Regl. 1618. ### Art. XII.

Les Maiftres ne pourront fouftraire
malicieufement , ne retirer les Appren-
tifs , Compagnons, ou Fondeurs, ne
Correcteurs l'vn de l'autre , fur peine
des interefts & dommages de celuy à
qui aura efté fait le fraude.

ART. XVII.

LES Maiftres ne pourront prendre ny retirer les Apprentifs, Compagnons ou Fondeurs, l'un de l'autre, fur peine de cinquante livres d'amende , & des dommages & interefts du Maiftre que l'Apprentif ou Compagnon aura quitté.

Charles IX. à Gaillon, en May 1571. Art. 15. par. & adjoufte : Et d'amende arbitraire. Comme auffi ne pourront les autres Imprimeurs recevoir aucuns Compagnons, fans s'enquerir premierement des Maiftres de la maifon defquels ils fortiront récentement, fi iceux Compagnons ont parachevé leur labeur, ou fans apporter lettres de leurs anciens Maiftres.

Declaration de François I.
du 21. Decembre 1541.
Art. XVIII.

Pource que le meſtier des Fondeurs de lettres eſt connexe à l'Art d'Imprimeur, & que les Fondeurs ne ſe diſent Imprimeurs, ne les Imprimeurs ne ſe diſent Fondeurs, leſdits Articles & Ordonnances auront lieu quant aux Commandemens, inhibitions & défenſes és peines ſuſdites, aux Compagnons & Apprentifs Fondeurs, ainſi qu'és Compagnons & Apprentifs Imprimeurs. Leſquels, outre les choſes deſſuſdites, ſeront tenus aux intereſts & dommages des Maiſtres : Et commenceront à beſongner par chacun jour à cinq heures du matin, & pouront délaiſſer à huit heures du ſoir, qui ſont les heures accouſtumées d'ancienneté. Donné à Fontaine-bleau, le 28. Decembre 1541. & de noſtre Regne le 27.

Reglement 1618.

Pource que le meſtier de Fondeur de lettres eſt connexe à l'Art d'Imprimerie, & que les Fondeurs ne ſe diſent Imprimeurs, ne les Imprimeurs ne ſe diſent Fondeurs, leſdits Articles & Ordonnances auront lieu quant aux Commandemens.

Art. XVIII.

Dautant que l'Art de Fondre des lettres eſt une dépendance de l'Imprimerie, & que les Fondeurs ne ſe diſent neantmoins Imprimeurs, ny les Imprimeurs Fondeurs ; Ceux qui feront la profeſſion de Fondeur, ſeront reputez du Corps de la Communauté des Imprimeurs & Libraires, en ſe preſentant aux Syndic & Adjoints, & ſe faiſant inſcrire ſur le Regiſtre de ladite Communauté, en ladite qualité de Fondeurs de Caracteres ; ce qui ſera fait ſans aucuns frais. Seront leſdits Fondeurs de lettres ainſi inſcrits ſur ledit Regiſtre, tenus de faire leur reſidence, & de travailler dans le Quartier de l'Univerſité cy-deſſus marqué, & de declarer ſur ledit Regiſtre, toutes & chacunes les Fontes qu'ils délivreront pour eſtre envoyées hors la Ville de Paris, à peine de confiſcation deſdites Fontes, & autres plus grandes peines, ſelon l'exigence du cas. Seront leſdits Imprimeurs tenus de faire ſemblable declaration, pour les Imprimeries, Preſſes, ou partie d'icelles, qui ſeront par eux vendües.

Charles IX. à Gaillon, en May 1571. Art 25. Les preſens Articles du jour de la publication ſeront obſervez, tant par les Maiſtres Imprimeurs que Compagnons, ſur peine aux contrevenans de deux cens livres d'amende pour la premiere fois, & pour la ſeconde de punition corporelle, & autre amende arbitraire, ſelon que les Juges verront eſtre équitable.

Un nommé Vincent le Févre , Fondeur de lettres d'Imprimerie , ayant obtenu Lettres de Maistrise du 17. Octobre 1601. pour avoir la franchise de Librairie & Imprimerie , par Arrest de la Cour de Parlement de Roüen , du 16. Janvier 1604. a esté debouté de l'effet & enterinement desdites Lettres. Et depuis ledit le Févre ayant obtenu Lettres en Reglement de Juges du 29. Decembre 1606. à l'encontre des Maistres & Gardes de la Librairie & Imprimerie de ladite Ville de Roüen , par Arrest du Conseil du 27. Juillet 1607. ledit le Févre a esté debouté desdites Lettres & entherinement d'icelles, & condamné és dépens.

Ordonnance du 17. Mars 1663. portant défense à tous Fondeurs de Lettres, de vendre leurs Fontes qu'aux Maistres Imprimeurs, & les declarer au Syndic, dont il tiendra Regiftre, à peine d'amende arbitraire.

Sentence du 30. Avril 1680. entre les Syndic & Adjoints de la Communauté & Antoine Maillet Marchand ruë Saint Denis, qui avoit chez luy vne Fonderie, luy fut fait défense de faire fondre des Caractères, & confiscation desdits Caractères fondus au profit . de la Communauté, & aux dépens.

Regl. 1618. Art. XIII.   Art. XIX.

La liberté d'imprimer , tailler , graver, vendre & debiter des Almanachs, demeurera comme auparavant.

La liberté d'imprimer , tailler, graver , vendre & debiter des Almanachs , demeurera comme auparavant.

Arrest du 15. Juillet 1608. contre Claude du Brueil , qui avoit obtenu Lettres de Privilege pour l'impression des Almanachs. Il y a aussi Arrest contre Guillaume Marette , lequel avoit obtenu pareilles Lettres de Privilege pour l'impression des A. B. C.

DES APPRENTIFS IMPRIMEURS
& Libraires.

Reglement de 1618.	TITRE II.
ARTICLE XVII.	ARTICLE I.

EST défendu à tous Libraires, Imprimeurs & Relieurs de Livres, de tenir Imprimerie, Boutique de Librairie, & Relieure de Livres en la Ville de Paris, qu'ils n'ayent fait apprentiffage en icelle : Sçavoir pour les Imprimeurs, par le temps & efpace de quatre années; & pour le regard defdits Libraires & Relieurs, par le temps & efpace de cinq années entieres & confecutives : s'ils ne font enfans, ou veuves de Libraires, Imprimeurs, ou Relieurs.

AUCUN ne poura eftre admis à faire apprentiffage d'Imprimeur ou Libraire, s'il ne fçait lire & écrire, & le temps de l'apprentiffage fera au moins de quatre années entieres & confecutives.

Declaration donnée à Paris, le 10. Septembre 1572. Art. 9. Nul Apprentif Compofiteur ne fera receu à fon apprentiffage, qu'il ne fçache lire & écrire.

Arreft contre Fleury Bourriquant, du 3. Juillet 1604. Autre Arreft du dernier Février 1609. en interpretation de celuy du 27. Juin 1577. par lequel le temps d'aprentiffage eft limité à trois ans, & celuy de fervir les Maiftres, à deux ans continuels.

Par l'Arreft du 26. May 1615, tout apprentiffage eftoit limité à quatre années.

L'Arreft du 26. May 1615. dit qu'on prendra jeunes Enfans qui fçachent lire & écrire, pour à l'avenir profiter au Public.

Sentence contre Jean Pafquier, du 14. Octobre 1619. Arreft confirmatif du Statut contre Samuel Poinfot, du 17. Decembre 1619.

Arreft du 14. Juillet 1654. qui permet de recevoir des Apprentifs, pourveu qu'ils fçachent feulement lire & écrire.

Regl. 1618. Art. XX.   **ART. II.**

Tous Apprentifs feront obligez par-
devant Notaires, pour le temps & aux
conditions cy-deffus. Et fera tenu le
Libraire , Imprimeur & Relieur , qui
aura receu l'Apprentif, le faire à l'in-
ftant immatriculer fur le Regiftre du
Syndic , à peine de nullité du Brevet
d'apprentiffage qui en auroit ainfi efté
fait , & faire apparoir d'iceluy.

Tous Brevets d'apprentiffage
feront paffez devant Notaires, en
la Chambre de la Communauté,
en prefence & du confentement
des Syndic & Adjoints , aprés
qu'il leur fera apparu que l'Apprentif fçait lire & écrire. Et fera
le Brevet tranfcrit fur le Livre de
la Communauté, à la diligence du
Maiftre auquel l'Apprentif aura
efté obligé , & ce dans vn mois
pour tout délay, à peine de nullité du Brevet d'apprentiffage , &
des dommages & interefts de l'A-
prentif contre le Maiftre.

L'Arreft du 26. May 1615. dit que l'Apprentif fera tenu d'apporter fon Brevet d'apprentiffage, huit jours au plus-tard, aprés qu'il aura efté paffé chez les Notaires , pour
voir le jour qu'il fera entré chez fon Maiftre , pour eftre enregiftré dedans le Livre du
Syndic, fuivant l'Arreft du 3. jour de Juillet 1604. contre Fleury Bourriquant.

Sentence du Chaftelet du 20. Mars 1641. qui fait défenfes à tous-Marchands Libraires, de paffer aucuns Brevets d'aprentiffage qu'en la Chambre Syndicale.

Sentence du 22. Octobre 1663. portant défenfes de paffer aucuns Brevets qu'en la
prefence des Syndic & Adjoints , & en leur Chambre de Communauté, dont ils
feront tenus tenir Regiftre, &c.

Sentence du 23. Juin 1665. contre Jacques Langlois , qui avoit paffé vn Brevet d'a-
prentiffage à l'infçeu des Syndic & Adjoints , & en autre lieu qu'en la Chambre Syndicale,
d'un nommé Taffet, fut declaré nul, & condamné à quarante-huit livres parifis d'amende,
& dépens.

ART.

Regl. 1618. Art. XXI.

Ne fera loisible aux Libraires, Imprimeurs & Relieurs, quitter ny faire aucune composition, pour quelque cause que ce soit, du temps porté par le Brevet d'apprentissage, ny de prendre aucun argent pour redimer ou abreger ledit temps par absence dudit Apprentif, à peine de mil livres d'amende pour la premiere fois, & de plus grande, s'il y échet.

ART. III.

NE fera loisible aux Libraires & Imprimeurs, de quitter ny faire aucune composition, pour quelque cause que ce soit, du temps porté par le Brevet d'aprentissage, ny de prendre aucun argent pour redimer ou abreger le temps porté par l'Article cy-dessus, à peine de mil livres d'amende contre le Maistre; & audit cas, l'Apprentif fera tenu de servir encore le double du temps qui luy aura esté remis.

Sentence du Chastelet contre Claude Barbier, du 4. Juillet 1601.

Autre Sentence du 4. Aoust 1609. contre François Gregoire, & Nicolas Flamand son Apprentif, à qui il avoit remis vne année de son temps, fut declaré nul.

Sentence contradictoire du 8. May 1611. par laquelle le Brevet d'apprentissage de Eustache de Lasbiache, est declaré nul, pour n'avoir fait le temps porté par son Brevet, & condamné aux dépens.

Regl. 1618. Art. XXIII.

Les Imprimeurs ayans deux Presses, ne pourront avoir que deux Apprentifs; & les autres qui auront plus grand nombre desdites Presses, pourront avoir trois Apprentifs, & non plus, & le Libraire vn Apprentif seulement.

ART. IV.

LES Imprimeurs n'ayans que quatre Presses, ne pourront avoir qu'vn Apprentif; & les autres qui auront plus grand nombre de Presses, en pourront avoir jusqu'à deux : Et à l'égard des Libraires, ils ne pourront avoir plus d'un Apprentif à la fois.

E

Charles IX. à Gaillon, en May 1571. Art. 3. bon leur femblera. Et où ils en auront befoin de plus d'un, feront contraints de prendre l'un des Enfans qui font nourris & entretenus en l'Hofpital de la Trinité à Paris, aux charges & conditions qu'ils font accoûtumez eftre donnez aux Maiftres des Meftiers de la Ville. Et que lefdits Compagnons ne les puiffent battre, &c.

Declaration donnée à Paris, le 10. Septembre 1572. Art. 1. En interpretant le 3. Article de noftre Edit du mois de May 1571. Les Maiftres Imprimeurs ne pourront avoir plus de deux Apprentifs à chacune Preffe travaillante ; fçavoir l'un à la Preffe, & l'autre à la Cafle, finon que les Compagnons fuffent d'accord de recevoir plus de deux Apprentifs, & fauf aux Maiftres Imprimeurs à faire faire par leurs Apprentifs, qu'ils voudront faire inftruire en l'Art d'Imprimerie, les Ouvrages faciles, & de legere importance, & fans que lefdits Apprentifs foient meflez parmy les Compagnons en plus grand nombre que de deux en chacune Preffe. Aufquels Apprentifs lefdits Maiftres feront tenus leur montrer l'Art d'Imprimerie, fans que pour raifon de ce, lefdits Compagnons foient détournez & divertis de leur labeur.

Arreft du 26. May 1615. limite le nombre des Apprentifs pour tous, à deux feulement, & quatre années obligez, & fervir les Maiftres deux années.

Regl. 1618. Art. XXIV.   Art. V.

Tous Libraires, Imprimeurs & Relieurs ne pourront prendre aucuns nouveaux Apprentifs, que le temps de leurs premiers ne foit expiré, ou du moins fix mois auparavant : auffi ne pourront avoir Apprentifs qui foient mariez.

Les Libraires & Imprimeurs ne pourront prendre aucuns nouveaux Apprentifs, que le temps des premiers ne foit expiré, ou du moins avant la derniere année de l'apprentiffage commencée. Ils ne pourront auffi prendre aucuns Apprentifs qui foient mariez.

Arreft du 26. May 1615. Défend de prendre des Apprentifs mariez.

Articles de l'Ancien Reglement, verifiez en la Cour le 27. Septembre 1650. portant défenfes aux Imprimeurs & Libraires, de prendre aucunes perfonnes mariées pour Apprentifs, mais Catholiques.

Sentence du Chaftelet du 10. Novembre 1663. portant caffation & nullité des Brevets d'apprentiffage de ceux qui fe trouveroient mariez, & de ceux qui fe marieroient pendant leur apprentiffage.

Regl. 1618. ART. XXV.

L'Apprentif s'abſentant du logis de ſon Maiſtre, ſera tenu de faire le double du temps de ſon abſence pour la premiere fois, & pour la ſeconde, renoncera audit Eſtat. Et afin d'obvier aux abus qui s'y pouroient commettre, ſeront tenus les Maiſtres d'avertir les Syndic & Gardes, du jour de l'abſence dudit Apprentif, pour eſtre écrit ſur le Livre dudit Syndic.

Declaration de Charles IX, à Gaillon, en May 1571.
ART. XIX.

Tous Apprentifs, ſuivant l'Art d'Imprimerie, feront leur apprentiſſage par temps ſuffiſant ſous Maiſtres Imprimeurs, aprés lequel temps prendront atteſtation du Maiſtre ſous lequel ils auront fait leur apprentiſſage.

Regl. 1618. ART. XXVI.

Ledit Apprentif, aprés le temps porté par ſon Brevet d'apprentiſſage, retirera Quittance de ſon Maiſtre au bas de ſondit Brevet, comme il aura ſervy le temps y contenu, & en fin d'iceluy ſera tenu ſervir les Maiſtres en qualité de Compagnon.

ART. VI.

L'Apprentif s'abſentant de la maiſon de ſon Maiſtre, ſera tenu de faire le double du temps de ſon abſence pour la premiere fois, & pour la ſeconde, ſera décheu de ſon apprentiſſage, ſans qu'il puiſſe y eſtre receu à l'avenir : Et à cét effet, feront les Maiſtres tenus d'avertir les Syndic & Adjoints, du jour de l'abſence de leur Apprentif, pour en eſtre fait mention ſur le Livre de la Communauté, & ſur le Brevet d'aprentiſſage.

ART. VII.

L'Apprentif, aprés le temps porté par ſon Brevet d'apprentiſſage, retirera Quittance de ſon Maiſtre, au bas de ſondit Brevet, comme il aura ſervy le temps y contenu ; Et ſera ladite Quittance délivrée en la Chambre de la Communauté, en preſence des Syndic & Adjoints, qui en feront mention ſur le Livre de la Communauté.

Declaration du 10 Sept. 1572. Et feront les Apprentifs leurdit apprentiſſage par le temps & eſpace de trois ans ; aprés lequel temps, prendront atteſtation du Maiſtre ſous lequel ils auront fait leur apprentiſſage.

Regl. 1618. Art. XVIII.   **ART. VIII.**

Les Enfans des Maiſtres Impri-
meurs , Libraires & Relieurs, ne feront
ſujets à l'apprentiſſage , ny à aucune
contribution ; ains feront receus par
les Syndic & Adjoints , à leur premiere
requeſte , & fans aucuns frais.

LES Fils de Maiſtres ne feront
tenus de faire aucun apprentiſſage ; mais ils ne pouront eſtre receus Maiſtres, s'ils n'ont les autres qualitez requiſes en ceux qui
doivent eſtre admis à la Maiſtriſe.

Arreſt du 26. May 1615. Ne feront les Enfans des Maiſtres Imprimeurs , Libraires
& Relieurs , ſujets à l'apprentiſſage, ny aucune contribution.

DES COMPAGNONS IMPRIMEURS
& Libraires.

Declaration de François I.
du 21. Decembre 1541.
ART. IV.

Lesdits Compagnons & Apprentifs ne feront aucuns banquets, soit pour entrée ou issuë d'apprentissage, n'autrement, pour raison dudit Art, sur les peines que dessus.

Reglement de 1610.

Et que lesdits Compagnons & Apprentifs ne feront aucuns banquets, qu'ils appellent (Proficiat) soit pour entrée, issuë d'apprentissage, qu'autrement, pour raison dudit Estat, sur les peines portées par les Ordonnances.

Regl. 1618. ART. XXXI.

Les Compagnons & Apprentifs ne feront aucuns banquets, soit pour entrée, issuë d'apprentissage, n'autrement, pour raison dudit Estat.

TITRE III.

ARTICLE I.

LES Compagnons & Apprentifs ne feront aucuns Festins ou banquets, soit pour entrée, issuë d'apprentissage, ny autrement, pour quelque cause & occasion que ce soit.

Charles IX. à Gaillon, en May 1571. Art. 4. Banquets qu'ils appellent *Proficiat*, soit pour entrée ou issuë d'apprentissage, sont défendus.

Arrest du Parlement du 9. Juin 1663. qui défend aux Compagnons Imprimeurs, de faire aucune levée de deniers pour faire banquets, conformément aux Statuts de la Communauté des Libraires ; à peine d'amende.

Regl. 1618. ART. XXXII.

Pourront les Maistres Imprimeurs, recevoir en leurs Imprimeries tels Compagnons que bon leur semblera, & par lesquels ils estimeront que leur besongne poura estre continuellement faite, sans que les Compagnons de Paris &

ART. II.

POURONT les Maistres Imprimeurs, recevoir en leurs Imprimeries des Ouvriers estrangers, & tels Compagnons que bon leur semblera, & qu'ils jugeront capables de travailler chez eux, &

de Lyon se puissent attribuer aucune preference sur ceux qui auront esté receus Compagnons és Imprimeries des autres Villes de ce Royaume ; ains demeurera en la pleine liberté des Maistres recevoir en leurs maisons ceux desquels ils estimeront plus d'obeissance, & qu'ils estimeront plus experts. Seront neantmoins les Compagnons de Paris & de Lyon preferez aux Estrangers, hors l'obeissance, & quand ils se voudront contenter du salaire ordonné..

pour lesquels ils estimeront que leurs Ouvrages pouront estre les mieux faits.

Declaration du 10. Sept. 1571. Et pouront les Maistres Imprimeurs recevoir en leurs Imprimeries tels Compagnons que bon leur semblera, & par lesquels ils estimeront que leur besongne poura estre continuellement faite, sans que les Compagnons de Paris & de Lyon se puissent attribuer aucune preference sur ceux qui auront esté receus Compagnons és Imprimeries des autres Villes de ce Royaume ; ains demeurera en pleine liberté des Maistres de recevoir en leurs maisons & Imprimeries, ceux desquels ils estimeront plus d'obeissance, & qu'ils estimeront plus experts. Seront neantmoins les Compagnons de Paris & de Lyon preferez aux Estrangers, non hors nostre obeissance, quand ils se voudront contenter du salaire ordonné.

Regl. 1618. ART. XXXIII.

Est enjoint à tous les Compagnons travaillans chez leurs Maistres, de garder & conserver les Copies sur lesquelles ils travaillent, tant manuscrites qu'imprimées, pour en fin des labeurs estre par eux renduës & mises és mains de leurs Maistres, pour y avoir recours quand besoin sera; sans que pour raison de ce, ils puissent pretendre aucune recompense que leurs gages : & mesme seront tenus parachever les labeurs par eux encommencez, à peine d'amende.

ART. III.

Il est enjoint à tous Compagnons Imprimeurs travaillans chez leurs Maistres, de garder & conserver les copies, tant manuscrites qu'imprimées, sur lesquelles ils auront travaillé, pour estre par eux renduës & mises és mains de leurs Maistres, pour y avoir recours quand besoin sera; sans que pour raison de ce, ils puissent pretendre aucun payement ou recompense : Et seront tenus d'achever les Ouvrages par eux commencez, à peine d'amende, & de demeurer responsables des dommages qui seront causez par leur retraite ou absence.

L'Ordonnance du Roy Charles IX. l'an 1571. art. 11. & celle de l'an 1572. art. 8.
dient que les Copies demeureront entre les mains des Maiſtres Imprimeurs, pour y avoir
recours quand beſoin ſera.

Ordonnance du 17. Mars 1663. Enjoint à tous Compagnons Imprimeurs qui ont
quitté leurs Maiſtres d'Imprimerie, & qui ont eſté débauchez & emmenez hors cette
Ville, de retourner inceſſamment chez leurſdits Maiſtres, à peine contre les contrevenans
d'eſtre privez de la Maiſtriſe, & ſeront tenus les Maiſtres Imprimeurs de declarer leurs
noms, &c.

François I. à Fontaine-bleau,
le 21. Decembre 1541.
Art. I. & II.

Les Compagnons & Apprentifs de
l'Art d'Imprimerie, n'ayent à faire
aucun ferment, monopoles, & n'avoir
aucun Capitaine entr' eux, Lieutenans,
Chef de bande, ou autres, ne bannieres
ou Enſeignes, n'aſſemblées hors les
maiſons & poiſles de leurs Maiſtres,
n'ailleurs, en plus grand nombre que
cinq, ſans congé & authorité de Iuſtice,
ſur peine d'eſtre empriſonnez, bannis &
punis comme monopoleurs, & autres
amendes arbitraires. Confirmé par
Charles IX. en May 1571.

Iceux Compagnons ne porteront au-
cunes eſpées, poignards, ne baſtons
invaſibles és maiſons de leurſdits
Maiſtres, en l'Imprimerie, ne par la
Ville de Lyon, & ne feront aucunes
ſeditions, ſur peine que deſſus. Confirmé
par Charles IX. en May 1571.

Regl. 1618.

Art. XXXIV. & XLVI.

Eſt défendu à tous Compagnons Im-
primeurs, Libraires & Relieurs, de faire

ART. IV.

I L eſt pareillement défendu
aux Compagnons, de faire aucune
cabale ny bourſes communes,
ſous quelque pretexte que ce
puiſſe eſtre, à peine de punition
exemplaire.

aucunes assemblées , tant en general
qu'en particulier , ny de porter aucunes
armes offensives ou défensives , de jour
ou de nuit , seuls ou en compagnie , &
pour quelque cause que ce soit.

 Pareillement est défendu ausdits
Compagnons , de faire aucun Tric de-
dans les Imprimeries ny ailleurs. Com-
me aussi ils ne feront aucuns sermens
entr' eux , & n'exigeront argent pour
faire bourse commune , comme ils ont
cy-devant fait , sur les peines portées
par l'Edit de l'an 1572. & autres plus
grandes , s'il y échet.

 Arrest du 2. Janvier 1658. confirmé par autre Arrest du 13. Avril 1658. portant iteratives défenses aux Compagnons Imprimeurs, de s'assembler, faire serment ny Confrerie, ny faire celebrer Messe , ny exiger argent pour faire bourse commune , à peine d'estre bannis & punis comme monopoleurs.

 Sentence du 16. Avril 1665. portant défenses à tous Compagnons Imprimeurs , de s'attrouper & faire assemblées, brigues & complots, & de molester & faire violence aux Compagnons estrangers, & les empescher de travailler à Paris , le tout à peine de vingt livres d'amende.

Regl. 1618. A RT. XXXV.   A RT. V.

 De mesme , les Maistres Imprimeurs font tenus continüer les Oeuvres com-mencez , sans les pouvoir intermettre, si ce n'est pour remise raisonnable : auquel cas feront tenus bailler aux Compagnons besongne pareille , atten-dant que la premiere se puisse repren-dre. Et où la discontinüation pren-droit traict plus de trois sepmaines , fera loisible ausdits Compagnons eux retirer, & entreprendre autre besongne,

L ES Maistres Imprimeurs feront tenus de continüer les Ouvrages commencez , sans les pouvoir in-terrompre , si ce n'est pour cause raisonnable ; auquel cas feront te-nus de donner aux Compagnons quelque autre Ouvrage de pareille qualité , en attendant que le pre-mier puisse estre repris & continüé: Et si la discontinüation dure plus de trois femaines , il fera permis
ausdits

fans qu'ils puiffent eftre contraints de retourner.

aufdits Compagnons , huit jours aprés en avoir averty le Maiftre, de fe retirer , & d'entreprendre d'autres Ouvrages , fans qu'ils puiffent eftre contraints de retourner chez le premier Maiftre.

Ordonnance du Roy Charles IX. donnée à Paris le 10 Septembre 1572. Et faifant droit fur l'oppofition, Que reciproquement lefdits Maiftres Imprimeurs feront tenus continuer les Oeuvres commencez, fans les pouvoir intermettre, fi ce n'eft pour quelque caufe ou excufe urgente ou raifonnable , auquel cas , feront tenus bailler aufdits Compagnons befongne pareille, en attendant que le premier Oeuvre fe puiffe reprendre. Et où la difcontinuation de l'Oeuvre prendroit trait de plus de trois femaines , fera loifible aufdits Compagnons eux retirer, & entreprendre autre befongne , fans qu'ils puiffent eftre contraints de retourner à l'ancienne befongne , du parachevement de laquelle ils demeureront aprés ledit temps déchargez en ce cas , & pareillement lefdits Maiftres pourront faire parachever leurdite befongne par tel autre que bon leur femblera.

Declaration de François I. du 21. Decembre 1541.
Art. VIII. & IX.

Lefdits Compagnons feront & paracheveront les journées aux Vigiles de Feftes, aufquels jours lefdits Maiftres ne feront tenus ouvrir Imprimeries pour befongner, fi ce n'eftoit pour quelque chofe preparative & legere pour le lendemain.

Iceux Compagnons ne feront autres Feftes que celles qui font commandées par l'Eglife.

Regl. 1618. Art. XXXVII.

Les Compagnons feront & paracheveront les journées aux Vigiles de Feftes, aufquels jours les Maiftres ne feront tenus ouvrir Imprimeries, fi ce n'eftoit pour quelque caufe preparative & legere pour le lendemain.

ART. VI.

IL eft expreffément défendu à tous Maiftres Imprimeurs, de faire travailler dans leurs Imprimeries, les Dimanches & jours de Feftes; Et aux Compagnons d'y travailler à la compofition ou impreffion d'aucuns Ouvrages, à peine contre les Maiftres , de cent livres d'amende, & de dix livres contre chacun des Compagnons. Pourront neantmoins lefdits Compagnons , en cas de neceffité feulement , preparer & tremper leurs Papiers, aprés les heures du Service.

F

Charles **I X.** à Gaillon , en May 1571. Art. 8. Que les Compagnons feront &
paracheveront les journées aux Vigiles des Festes , sans rien laisser pour faire ne besongner ausdites Festes, ains cesseront les jours de Festes, ausquels jours les Maistres ne
seront tenus ouvrir Imprimerie pour besongner, si n'estoit pour faire chose preparatoire
& legere pour le lendemain.

Charles IX. à Paris, le 10. Septembre 1572. Art. 4. Et quant au 9. Article, iceux Compagnons, outre les Festes commandées par l'Eglise, celebrées & solemnisées generalement és Villes où ils travaillent, auront le jour de Saint Jean Porte-Latine, ensemble
demy-journée le jour de Caresme-prenant , & le jour du grand Vendredy , francs &
exempts de labeur.

Regl. 1618.   A R T. X L I I.   A R T. V I I.

Ne pourront les autres Imprimeurs   LES Maistres Imprimeurs ne
recouvrer aucuns Compagnons , sans pourront faire travailler chez eux,
s'enquerir des Maistres de la maison aucun Compagnon qui ait tra-
desquels ils sortiront , si iceux Compa- vaillé chez vn autre Maistre de
gnons ont achevé leur labeur , ou sans Paris, qu'ils n'ayent sçeu du der-
apporter lettres de leur congé, signées nier Maistre d'où ledit Compa-
de leurs anciens Maistres. gnon sera sorty, si ledit Compagnon est libre à l'égard dudit
Maistre , & en estat de travailler
où bon luy semblera , à peine de
vingt livres d'amende , tant contre ledit Maistre, que contre ledit
Compagnon, si ledit Compagnon
n'a fait apparoir de son congé par
écrit.

Ordonnance du Roy Charles I X. à Gaillon , en May 1571. Art. 15. Comme aussi
ne pourront les autres Imprimeurs recevoir aucuns Compagnons , sans s'enquerir premierement des Maistres desquels ils sortiront récentement , si iceux Compagnons ont
parachevé leurs labeurs, ou sans apporter lettres de leurs anciens Maistres.

Sentence du 14. Octobre 1641. Défensis à tous Maistres Imprimeurs de recevoir
en leurs Imprimeries pour y travailler , aucuns Compagnons qu'ils n'ayent vn Billet
signé du Maistre chez lequel ils sortent, comme il est content, à peine de trente livres
d'amende. Autre Arrest du 2. Janvier 1658. sur le mesme sujet.

Sentence du 16. Avril 1665. portant défenses à tous Maistres Imprimeurs, de recevoir
aucun Ouvrier qu'il n'apporte vn Certificat de son dernier Maistre, le tout à peine de
vingt livres d'amende.

Sentence du 23. Juin 1665. contre Jacques Langlois, qui avoit donné à travailler à vn nommé Boullanger & Hulpeau, Compagnons Imprimeurs, sans avoir le Billet de leur dernier Maiftre, & condamné à quarante-huit livres d'amende, & aux dépens.

Declar. de François I. du 21. Decembre 1541. Art. 14.

Si un Compagnon se trouve de mauvaise vie, comme mutin, blasphemateur, ou qu'il ne fasse son devoir, le Maiftre en pourra mettre vn autre au lieu de luy, sans que pour ce les autres Compagnons puissent laisser l'Oeuvre encommencé.

Regl. 1618. Art. XXXIX.

S'il prend vouloir à vn Compagnon s'en aller apres l'Ouvrage achevé, il sera tenu d'en avertir le Maiftre; comme aussi les Maiftres seront tenus en avertir les Compagnons huit jours anparavant la fin de l'Oeuvre.

ART. VIII.

LES Maiftres Imprimeurs ne pourront congedier leurs Compagnons, qu'en les avertiffant huit jours auparavant, si ce n'eft pour des caufes juftes & raifonnables.

Charles IX. le 10. Septembre 1571. Art. 7. Ordonne que les Maiftres feront tenus avertir les Compagnons, & les Compagnons les Maiftres refpectivement, huit jours devant la fin de l'année, afin qu'ils ayent moyen & loifir de fe pouvoir ailleurs.

Declar. de Charles IX. le 10. Septembre 1541. Art. XXII.

Si l'un des Compagnons laisse son labeur pour quelque occasion, que ce puisse eftre, les autres ne pourront laisser ou difcontinüer le leur. Et pourra le Maiftre fubroger en son lieu tel autre Compagnon ou Aprentif qu'il pourra recouvrer; Et neantmoins celuy qui aura failly sera condamné en tous dépens, dommages & interefts, s'il y échet, & en telle reparation que le cas

ART. IX.

NE pourront lefdits Compagnons laiffer l'Ouvrage par eux commencé, finon du confentement du Maiftre qui les aura employez, à peine de vingt livres d'amende, & des dommages & interefts du Maiftre. Et feront lefdits Compagnons tenus, lors qu'ils finiront leurs Labeurs, d'avertir leurs Maiftres huit jours

le meritera, *le tout payable par corps.*
Et s'il ne satisfait à la condamnation,
&c.

auparavant que de les quitter,
aussi à peine de vingt livres au
profit du Maistre Imprimeur.

Declar. de François I. du 21. Decembre 1541. Art. VI. & XIII.

Lesdits Compagnons continuëront
l'œuvre encommencé , & ne lairont
qu'il ne soit parachevé, & ne feront
aucun Tric, qui est le mot pour lequel
ils laissent l'œuvre. Et ne feront jour
pour jour , ains continuëront : & s'ils
font perdre formes ou journées aux
Maistres par leur faute & coulpe , fe-
ront tenus de satisfaire lesdits Maistres.

S'il prend vouloir à vn Compagnon
de s'en aller aprés l'Ouvrage achevé ,
il sera tenu d'en avertir le Maistre huit
jours devant, afin que durant ledit
temps ledit Maistre & ses Compagnons
besongnans auec luy se puissent pour-
voir.

Regl. 1610.

Ausquels défenses sont faites de
faire aucunes journées blanches ; & en
cas de contravention , payeront la perte
de la journée , & six livres d'amende
pour la premiere fois , dix livres pour
la seconde , & bannis pour la troisiéme.

Regl. 1618. Art. XL.

Si l'vn des Compagnons laisse son
labeur pour quelque occasion que ce

puiſſe eſtre, les autres ne pourront laiſſer ne diſcontinüer le leur, & poura le Maiſtre ſubroger en ſon lieu tel autre Compagnon & Apprentif qu'il poura recouvrer. Et neantmoins celuy qui aura failly ſera condamné en tous dé-pens, dommages & intereſts, s'il y échet, & en telle reparation que le cas le meritera, le tout payable par corps: & s'il ne ſatisfait à la condamnation pecuniaire dedans le temps prefix, la-dite peine ſera convertie en celle du fouet, ou autre telle peine que le cas requerra, ſuivant le jugement des Iuges ordinaires.

Tric eſt vn mot inventé par les Compagnons, pour lequel, & incontinent aprés la prononciation d'iceluy, ils délaiſſent leur Ouvrage pour faire quelque débauche. Cela leur eſt défendu par l'Ordonnance de François I. en l'an 1541. Art. 6. Comme auſſi de ne faire jour pour jour, &c.

Charles IX. à Gaillon, en May 1571. Art. 6. Les Compagnons continüeront l'Oeuvre encommencé ſans aucune intermiſſion, & ſans faire journée blanche, comme ils appel-lent, & ne laiſſeront l'Oeuvre qu'elle ne ſoit parachevée, & ne feront aucun Tric (qui eſt le mot pour lequel ils laiſſent l'Oeuvre) ains continüeront. Et s'ils font perdre forme ou journée aux Maiſtres, par leur faute & coulpe, ſeront tenus de ſatisfaire auſdits Maiſtres, par retention de leurs Gages, & autres voyes que de raiſon.

Charles IX. à Gaillon, en May 1571. Art. 13. S'il prend vouloir à vn Compagnon de s'en aller aprés l'Ouvrage achevé, il ſera tenu d'en avertir le Maiſtre huit jours de-vant, afin que durant ledit temps, ledit Maiſtre & les Compagnons beſongnans avec luy, ſe puiſſent pourvoir.

Idem, à Paris, le 10. Septembre 1572. Art. 7. Et pour le regard du 13. Art. Ordon-nance que les Maiſtres ſeront tenus advertir les Compagnons, & les Compagnons les Maiſtres reſpectivement huit jours devant la fin de l'Oeuvre, afin qu'ils ayent moyen & le loiſir de ſe pourvoir ailleurs.

Sentence du 14. Octobre 1641. Enjoignons aux Compagnons Imprimeurs d'achever es Ouvrages par eux commencez, & leur défendons de les quitter, sinon après leur labeur achevé, sur peine de prison.

Arrest du 2. Janvier 1658. portant défenses aux Compagnons de sortir avant leurs Labeurs & Ouvrages par eux commencez, qu'ils ne soient achevez.

Declar. de François I. dn 21. Decembre 1541. Art. V.

Ne feront aucune Confrairie, ne celebrer Messe aux dépens communs desdits Compagnons & Apprentifs. Ne pourront choisir, n'avoir lieu particulier, ne destiné, n'exiger argent pour faire bourse commune, comme ils ont fait par cy-devant, pour fournir aux dépens de ladite Confrairie, Messes & Banquets, ne pour faire autre conspiration, sur les peines que dessus.

Regl. 1618. Art. XLVII.

Les Compagnons & Apprentifs ne feront aucune Confrairie, ne celebrer Messe aux dépens communs, ne pouront choisir, n'avoir lieu particulier ne destiné, n'exiger argent pour faire bourse commune, pour fournir aux dépens de la Confrairie, Messes & Banquets, ne pour faire autres conspirations.

ART. X.

Défenses sont faites à tous Compagnons & Apprentifs d'avoir ny faire aucune Confrairie ny assemblée entr'eux, sous quelque pretexte que ce puisse estre, à peine de prison, & de punition exemplaire.

Par les Ordonnances des Roys François I. en l'an 1641. Art. 1. & de Charles IX. en May 1571. Art. 1. il est dit que les Compagnons & Apprentifs de l'Art d'imprimerie ne feront aucun serment, monopoles, & n'auront aucun Capitaine entre'eux, Lieutenant, ne Chef de bande, ne Bannieres ou Enseignes, ne feront assemblées hors les Maisons de leurs Maistres, n'ailleurs en plus grand nombre que cinq, sans congé & autorité de Justice, sur peine d'estre emprisonnez, bannis & punis comme Monopoleurs, & autres amendes arbitraires. Et par les mesmes Ordonnances, Art. 2. il est dit que lesdits Compagnons ne porteront aucunes Espées, Poignards, ne Bastons invasibles és Maisons de leurs Maistres, en temps, rue Mercier, ne par la Ville de Lyon, & ne feront aucunes seditions, sur peine d'estre emprisonnez, & punis comme seditieux, & autres amendes

arbitraires. Défenfes du Prevoſt de Paris du 15. Septembre 1617. à tous Compagnons
Imprimeurs & leurs complices, de faire aucunes aſſemblées, aller en troupe, tant d
jour que de nuit, ny de porter Eſpées, Poignards, baftons & autres armes offenſiv
ſur peine d'eſtre pendus & eftranglez, publiées à ſon de Trompes, & affichées par le
Carrefours de l'Univerſité, & autres de la Ville de Paris.

Ordonnance du 28. Avril 1671. portant défenſes à tous Compagnons Imprimeurs, Li
braires & Relieurs de cette Ville de Paris, de faire monopoles & aſſemblées, inſult
ou autres mauvais traittemens aux Compagnons Eftrangers, à peine de priſon, & d
punition exemplaire.

Declaration de Charles IX. en May 1571. Art. XIX.

*Ladite atteſtation contenant que leſ-
dits Apprentifs ont fait leur Apprentiſſage ſous ledit Maiſtre, & qu'ils
ſeront ſuffiſans pour exercer ledit Eſtat,
& moyennant ladite atteſtation l'Apprentifs de là & en avant ſera receu à beſongner, tant és impreſſions de Paris
que de Lyon, & par tout ailleurs, encore qu'il eut fait ſon Apprentiſſage
autre part, aux conditions que les autres
Cmpagnons dudit Eſtat.*

Regl. 1618. Art. XXX.

*Aprés le temps d'Apprentiſſage expi-
ré, les Apprentifs ſeront tenus ſervir
les Maiſtres en qualité de Compagnons:
A ſçavoir, ceux qui auront eſté obligez,
pour le temps & eſpace de cinq ans,
trois années; & ceux qui n'auront eſté
obligez que quatre ans, ſeront tenus de
ſervir quatre ans aprés.*

Art. XI.

LES Compagnons Imprimeurs
& Libraires, ne pourront parvenir
à la Maiſtrife, qu'aprés avoir ſervy les Maiſtres durant trois années, depuis leur apprentiſſage
achevé.

Charles IX. le 10. Septembre 1571. Aprés le temps de leur Apprentiſſage, prendront Atteſtation du Maiſtre ſous lequel ils auront fait leur Apprentiſſage, & de deux
Maiſtres Imprimeurs : & contiendra ladite certification le temps de leur apprentiſſage
fait ſous ledit Maiſtre, & qu'ils ſont ſuffiſans pour exercer ledit Eſtat, & moyennant
ladite atteſtation, l'Apprentif ſera receu à beſongner audit Eſtat.

Arreſt du 27. Juin 1577. Ordonne qu'aprés l'apprentiſſage finy , tous Apprentifs feront tenus ſervir les Maiſtres deux ans continuels.

l'Arreſt du dernier Février 1609. interpretant celuy du 27. Juin 1577.

Par l'Arreſt du 26. May 1615. les Compagnons n'eſtoient obligez de ſervir les Maiſtres à leurs gages que deux années.

Arreſt du 17. Decembre 1619. contre Samuel Poinſot.

DES MAISTRES IMPRIMEURS
& Libraires.

Declaration de Charles IX.
du mois de May 1571.
Art. XX.

AVCVN ne poura dresser Imprimerie nouvelle, ne faire Estat de Maistre Imprimeur, sinon qu'il ait fait apprentissage comme dessus, ou qu'il ne soit certifié capable de bien faire ledit Estat, & ce par la certification de deux Libraires Iurez, & deux Maistres Imprimeurs, tous Chefs de maison & de bonne reputation. Ce qui se fera sans exaction d'aucun salaire ou loyer.

Regl. 1610.   Art. X.

Ne sera receu aucun Apprentif ou Compagnon à ladite Imprimerie, qu'il n'ait estudié.

Regl. 1618.   Art. LI.

La Maistrise ne s'acquiert par Lettres du Roy, mais seulement en gardant ce qui est prescrit aux Titres des Apprentifs & des Compagnons, Art. XVIII. & XXX.

TITRE IV.
ARTICLE I.

AUCUN ne poura tenir Imprimerie ou Boutique de Librairie à Paris, en consequence d'aucunes Lettres de Maistrise, ou d'aucun Privilege tel qu'il puisse estre, ny estre receu Maistre, qu'il n'ait fait apprentissage pendant le temps & espace de quatre années entieres & consecutives, & servy les Maistres en qualité de Compagnon, au moins durant trois années, après le temps de son apprentissage achevé ; Qu'il n'ait au moins vingt ans accomplis ; Qu'il ne soit congru en langue Latine, & sçache lire le Grec, dont il sera tenu de raporter Certificat du Recteur de l'Université, avant de se presenter pour estre admis à la Maîtrise : De laquelle tous Estrangers seront exclûs, si pour des causes & raisons importantes, il n'en est par Nous autrement ordonné.

Arrest donné au Parlement de Roüen, le 16. Janvier 1604. par lequel Vincent le Févre a esté debouté des Lettres de Maistrises par luy obtenuës, de l'Art d'Imprimeur en ladite Ville de Roüen. Cét Arrest confirmé par autre Arrest donné au Conseil Privé du Roy le 28. Juillet 1607. Pareil Arrest donné audit Conseil Privé du Roy le 16. jour d'Octobre 1618. au profit de Nicolas Crespon, Imprimeur ordinaire du Roy en la Ville de Xaintes, contre Jean Bichon, soy disant pourveu de l'Office d'Imprimeur & Libraire

G

en ladite Ville de Xaintes, en vertu d'une Lettre de Maiſtriſe en faveur de l'heureux Mariage du Roy, dont il fut debouté.

Article verifié en Parlement le 27. Septembre 1650. portant qu'il ne ſera receu aucun qu'il ne ſoit congru en langue Latine, & ne ſçache lire le Grec, dont il aura Certificat du Recteur, à peine de Trois cens livres d'amende.

Arreſt du Conſeil d'Eſtat du Roy, du 27. Juin 1672. qui caſſe & annulle le Contract de vente faite d'une Charge de Libraire ſuivant la Cour.

Regl. 1618.   ART. L.   ART. II.

Aprés le temps d'apprentiſſage & ſervice expiré, le Compagnon ayant âge competant, poura ſe faire recevoir en qualité de Maiſtre Imprimeur, Libraire ou Relieur, ſoy faiſant certifier capable par deux Libraires Iurez, deux non Iurez, deux Maiſtres Imprimeurs, & deux Relieurs, en la preſence du Syndic & Gardes: & promettra de bien & fidelement ſe comporter & adminiſtrer ſon Art de Libraire, Imprimeur & Relieur, & de garder & obſerver les Edits, Arreſts & Reglemens; & outre ſera tenu mettre és mains dudit Syndic, la ſomme de trente livres pour les Affaires de la Communauté, de laquelle ledit Syndic ſera obligé tenir compte.

LES Compagnons qui ſe trouveront avoir les qualitez requiſes, ſeront receus par les Syndic & Adjoints de la Communauté, aprés qu'il leur aura apparu de leur bonne vie & mœurs, profeſſion de la Religion Catholique, & aprés qu'ils auront eſté certifiez capables d'exercer la profeſſion de Maiſtres Imprimeurs ou Libraires, par deux autres Maiſtres de ladite Communauté: Aprés quoy, leſdits nouveaux Maiſtres ainſi admis, ſeront tenus de preſter ſerment pardevant le Lieutenant General de Police. Ce qui ſera fait ſans aucuns frais, à condition neantmoins par l'Aſpirant à la Maiſtriſe, de mettre és mains du Syndic, la ſomme de Trois cens livres, pour eſtre entierement employée aux Affaires de ladite Communauté, & dont le Syndic ſera tenu ſe charger dans ſon compte.

Arreſt du 26. May 1615. qui adjouſte, que dans la huitaine aprés le temps du ſervice accomply, les Compagnons apporteront leur Brevet & Quittance au dos par leurs Maiſtres, tant du temps dudit Aprentiſſage, que du ſervice qu'ils auront rendu à leurſdits Maiſtres, pour eſtre déchargez ſur le Livre du Syndic, à peine de nullité deſdits Brevets.

'Autrement , & jufques aprés la certification fufdite, défenfes leur font faites d'ouvrir Boutique ny Imprimerie, tenir Magazin, ny travailler en Chambre en qualité de Maiftres, fous peine de confifcation de leurs Livres, Imprimeries , Preffes, Caracteres, & autres Uftenciles fervans à la Librairie, Imprimerie & Relieure.

Arreft confirmatif du Statut, contre Samuel Poinfot, du 17. Decembre 1619,

Regl. 1618. ART. XVIII.

Les Enfans des Maiftres Imprimeurs & Libraires , feront receus par les Syndic & Adjoints , à leur premiere requefte.

ART. III.

LES Fils de Maiftres qui auront les qualitez requifes, feront receus à leur premiere requefte, en mettant és mains du Syndic , la fomme de Cent livres feulement , pour les Affaires de la Communauté.

Regl. 1618. ART. LII.

Les Compagnons qui auront fait & parachevé leur apprentiffage en cette Ville de Paris , le temps porté par iceluy ; & qui prendront par mariage la Fille de l'vn defdits Libraires, Imprimeurs ou Relieurs , feront receus Maiftres , moyennant leurdit mariage, fans aucuns frais , & à leur premiere requefte.

ART. IV.

LES Fils de Maiftres , & les Compagnons, qui épouferont la Veuve ou la Fille d'un Maiftre Imprimeur ou Libraire , feront receus à leur premiere requefte, s'ils ont d'ailleurs les qualitez requifes, en mettant feulement és mains du Syndic , la fomme de Trente livres pour les Affaires de ladite Communauté.

Regl. 1610. ART. IV.

Que le nombre des Imprimeurs fera reglé dedans quinzaine.

ART. V.

A l'égard des Imprimeurs, il n'en fera receu aucun, jufqu'à ce qu'ils foient reduits au nombre de trente; Et aprés ladite reduction , il fera receu autant de Maiftres qu'il en manquera pour

parfaire ledit nombre de trente *six*
feulement. Et bien que les Libraires & Imprimeurs ayent conjointement la qualité d'Imprimeurs
& Libraires; ceux des Libraires
qui ne font actuellement Imprimeurs, ne pouront cy-aprés en
faire la profeffion, tenir aucune
Imprimerie, ny mefme de fe prefenter pour remplir les places des
Imprimeurs qui feront vacantes;
lefquelles feront feulement rem-
plies par les Fils des Imprimeurs,
s'ils fe trouvent avoir les qua-
litéz requifes; ou par ceux qui
auront fait apprentiffage chez les
Maiftres Imprimeurs, conformément aux Articles précedens.

Regl. 1618. Art. LIII.

*Il eft défendu au Syndic & Gardes
de l'Vniverfité, de ne plus recevoir par
chacun an qu'vn Libraire, vn Imprimeur, & vn Relieur, lefquels feront
tenus eux prefenter vn an auparavant
leur Reception, afin d'eftre immatri-
culez fur le Regiftre de la Communauté;
afin par ce moyen d'obvier aux abus
qui fe commettent à caufe du nombre
effrené des Libraires, Imprimeurs &
Relieurs, & à ce qu'ils foient reduits
à certain nombre, non compris les Fils
des Maiftres. Et feront receus, fe pre-
fentans felon l'ordre de leur apprentiffage.*

Art. VI.

Les Syndic & Adjoints ne re-
cevront à l'avenir qu'vn Maiftre
Libraire par chacun an, outre les
Fils & Gendres de Maiftres; Et
en cas qu'il s'en prefenta plufieurs
en mefme temps pour eftre receus,
celuy qui fe fera prefenté, & aura
efté infcrit le premier fur le Regiftre, par le Syndic & Adjoints,
fera preferé aux autres.

Sentence du 14. Octobre 1641. portant que celuy qui doit eftre receu, fera tenu
vn an auparavant, fe faire infcrire fur le Livre de la Communauté, &c.

DES VEUVES DES IMPRIMEURS & Libraires.

Reglement de 1618.	TITRE V.

ARTICLE LV.	ARTICLE I.

LES Veuves des Libraires, Imprimeurs & Relieurs, pourront continüer à tenir Librairie, Imprimerie & Relieure, & avoir des Compagnons, mesme faire parachever aux Apprentifs de leurs Maris défunts, le temps de l'apprentissage ; sans qu'elles puissent prendre aucuns Apprentifs, ny affranchir leurs nouveaux Maris pour tenir Librairie, Imprimerie ou Relieure, au préjudice de l'apprentissage, & de ce qui est dit cy-dessus.

LES Veuves des Imprimeurs & Libraires, pouront continüer le Travail dans leurs Imprimeries, & tenir leurs Boutiques ; avoir des Compagnons, & faire achever aux Apprentifs de leurs Maris défunts, le temps de l'apprentissage. Ne pouront neantmoins lesdites Veuves, prendre aucuns nouveaux Apprentifs, ny tenir Boutiques de Librairie ou Imprimerie, au cas qu'elles se marient, si leurs seconds Maris ayans les qualitez requises, n'ont esté receus Maistres.

Par Sentence du Chastelet du 21. Mars 1614. aprés que Pierre des Vignes & Jean Dupuis, font demeurez d'accord n'avoir fait apprentissage en cette Ville de Paris, de la Librairie ny Relieure, & neantmoins fousténu pouvoir tenir Boutique, pour avoir épousé des Veuves de Relieurs de Livres de cette Ville : Inhibitions & défenses leur furent faites, suivant les Arrests de la Cour, de tenir Boutique, & faire aucun exercice de Librairie & Relieure, en quelque façon que ce soit, en cette Ville de Paris; A eux enjoint de fermer leurs Boutiques, si aucunes ils ont, à peine de confiscation des Livres, Presses & Ustenciles.

DES CORRECTEURS.

Declaration de François I.
du 21. Decembre 1541.
Art. XVII.

S I les Maiſtres Imprimeurs de Livres en Latin, ne ſont ſçavans ne ſuffiſans pour corriger les Livres qu'ils imprimeront, ſeront tenus avoir Correcteurs ſuffiſans, ſur peine d'amende arbitraire. Et ſeront tenus leſdits Correcteurs de bien & ſoigneuſement corriger les Livres, rendre leurs corrections aux heures accouſtumées d'ancienneté, & en tout faire leur devoir; autrement ſeront tenus aux intereſts & dommages qui ſeront encourus par leur faute & coulpe.

Regl. 1610. Art. XI.

Chacun Imprimeur aura ſon Correcteur en l'Imprimerie, homme capable, s'il ne peut exercer ladite Charge luy-meſme; & ſi les Feüilles ſont gâtées & perduës par la faute des Compagnons ou Correcteurs, ſeront refaites aux dépens de celuy qui aura fait la faute, qui ſeront pris ſur leurs gages.

Reglement 1618.
Art. LXIX.

Si les Maiſtres Imprimeurs de Livres en Latin, ne ſont ſçavans ne ſuffiſans pour corriger les Livres qu'ils imprimeront, ſeront tenus avoir Correcteurs ſuffiſans, ſur peine d'amende arbitraire: leſquels ſeront tenus de bien & ſoi-

TITRE VI.

ARTICLE I.

LES Maiſtres Imprimeurs qui ne pourront eux-meſmes vacquer à la correction de leurs Ouvrages, ſeront tenus de ſe ſervir de Correcteurs capables; & ſeront leſdits Correcteurs tenus de bien & ſoigneuſement corriger les Livres, rendre leurs corrections aux heures accoûtumées, & en tout faire leur devoir: Et au cas que par leur faute il y ait obligation de réimprimer les Feüilles qui leur auront eſté données pour corriger, elles ſeront réimprimées aux dépens deſdits Correcteurs.

gneusement corriger les Livres, rendre leurs corrections aux heures accoûtumées d'ancienneté, & en tout faire
leur devoir : autrement seront tenus aux
interests & dommages qui seront encourus par leur faute & coulpe.

Charles IX. à Gaillon, en May 1571. Art. 17. Confirme l'Article XVII. de François
I. du 21. Decembre 1541.

DES COLPORTEURS.

Reglement de 1610.
Art. XVII. & XVIII.

QVE le nombre des Colporteurs porté par les Arrests, sera observé, lesquels seront tenus dans quinzaine, de mettre entre les mains du Procureur du Roy, & Syndic des Commissaires, vn Memoire de leurs Noms, Surnoms & Domiciles, & lors qu'ils changeront de demeures, & seront tenus tous se retirer au dedans de l'Vniversité, au dessus de Saint Yves. Ne pourront vendre qu'aux lieux & places destinez pour leurs Départemens, & ne changer de place.

Ceux qui seront receus au Bailliage, se retireront dans la Court du Palais, les vns à quatre toises prés les Degrez de la Sainte Chapelle, les autres à vne toise prés du Carreau estant au devant le May. Et ceux qui seront receus au Chastelet, se retirer au bout du Pont Saint Michel, devant l'Orloge du Palais, la Valée de Misere, prés le Grand Chastelet.

Regl. 1618.   Art. LVII.

Advenant le decéz de l'vn desdits Colporteurs, sera pris & preferé en son lieu à tous autres, vn ancien Maistre ou compagnon Imprimeur, Libraire ou Relieur, qui ne poura plus travailler, lequel sera presenté par le Syndic & Gardes, au Lieutenant Civil, & Procureur du Roy au

TITRE VII.

ARTICLE I.

AUCUN ne poura faire le mestier de Colporteur, s'il n'a fait apprentissage de Libraire, d'Imprimeur, de Fondeur de Caracteres, ou de Relieur, qu'il n'ait esté presenté par les Syndic & Adjoints, au Lieutenant General de Police, & par luy receu sur les Conclusions de nostre Procureur au Chastelet ; ce qui sera fait sans aucuns frais. Et celuy qui sera ainsi receu, sera pareillement enregistré par le Syndic, dans le Livre de la Communauté; Et ne poura la qualité de Colporteur estre accordée qu'à ceux qui par infirmité d'âge, ou de maladie, ne pouront exercer leur profession. Les Fils de Maistres qui seront infirmes, & qui n'auront esté receus Maistres, pouront aussi audit cas d'infirmité, estre receus Colporteurs.

ART.

Chaſtelet , pour eſtre regiſtré ſur le Livre dudit Syndic en la maniere ac-coûſtumée , ſans qu'aucun puiſſe Col-porter qu'il n'ait fait apprentiſſage deſdits Eſtats , & qu'il ne ſoit ancien , comme il eſt dit cy-deſſus.

Regl. 1610. Art. XIX.

Que défenſes leur ſeront faites de vendre autre choſe que des Almanachs, Edits & Arreſts , imprimez en cette Ville, portant le Nom & la Marque de l'Imprimeur ou Libraire , & autres petits Livres non-prohibez & défen-dus, ne de receler aucuns Livres ail-leurs qu'en leurs Maiſons, où ils ont éleu leur domicile , à peine de puni-tion corporelle , ſans autre forme ny figure de procez. Qu'ils ſeront tenus

Regl. 1618. Art. LVI.

Les Colporteurs ne pourront tenir Apprentifs , Magazin ny Boutique , ny Imprimerie, ny faire imprimer en leurs noms : mais porteront au col dans vne Balle , pour vendre des Almanachs, Edits, & petits Livrets, qui ne paſſe-ront huit feüilles , brochez ou reliez à la corde , & imprimez par vn Libraire, au Maiſtre Imprimeur de cette Ville de Paris, auquel ſera ſon nom, ſa marque, & la permiſſion ; le tout à peine de confiſcation, & de dix Ecus d'amende.

Art. II.

Les Colporteurs ne pouront avoir aucuns Apprentifs , tenir Boutique ou Magazin , ny faire imprimer aucune choſe en leur nom , ou pour leur compte ; Ils ſeront tenus de porter vne Mar-que ou Ecuſſon de cuivre au de-vant de leur Pourpoint , où ſera écrit *Colporteur*, & vne Balle atta-chée à leur col, dans laquelle ils porteront pour vendre des Alma-nachs, des Edits, Arreſts & petits Livrets , qui ne paſſeront huit feüilles , brochez & reliez à la corde , imprimez avec Privileges ou permiſſion , par les Imprimeurs de Paris ſeulement , avec le Nom du Libraire ; le tout à peine de Priſon , de confiſcation , & de punition exemplaire.

Lettres Patentes de Henry III. du 12. Octobre 1586. Art. 3. Pareilles défenses à tous Libraires, Colporteurs & autres, d'expoſer en vente en leurs Boutiques ny ailleurs, Livres qui n'ayent eſté imprimez avec Permiſſion & Privilege : ſans toutefois en iceluy comprendre les Livres approuvez, leſquels par pluſieurs fois auroient eſté imprimez avec Privilege & permiſſion du Roy.

Sentence proviſionnale du Lieutenant Civil, contre les Colporteurs, du 29. Avril 1613.

Arreſt du 8. Avril 1653. portant qu'ils auront vn Ecuſſon de cuivre au devant de leurs Pourpoints, pour eſtre reconnus, & porteront vne Balle penduë au col; & en cas qu'ils ſoient trouvez ſans leur Marque & Balle, ſeront décheus, & d'autres mis en leur place.

Ordonnance du 22. Aouſt 1670. Ordonnons auſdits Colporteurs d'avoir vn Ecuſſon de cuivre au devant de leurs Pourpoints, & vne Balle attachée à leur col, dans laquelle ils mettront les Imprimez & Livrets, &c.

Regl. 1618. Art. LXI.	Art. III.
Défenſes ſont faites à toutes perſonnes, de vendre & colporter Livres par la Ville, s'ils ne ſont du nombre des Douze ordonnez & commis pour vendre és Places & lieux, leſquels à cette fin leur ont eſté déſignez, cy deſſous declarez : Et eſt enjoint au premier des Examinateurs au Chaſtelet de Paris, ou premier Sergent ſur ce requis, empriſonner ceux qu'ils trouveront vendans ou colportans Livres par la Ville, autres que les Douze ordonnez & députez pour ce faire. Enſuivent les lieux & Places eſquels leſdits Colporteurs vendront leſdits Livres : A ſçavoir, deux au bout du Pont Saint Michel, devant la Barriere des Sergens; Deux au bout dudit Pont, devant le Marché-neuf; Deux devant l'Orloge du Palais; Deux devant le Pont aux Muſniers, à la Vallée de miſere ; Deux au Marché-	Defenses à toutes perſonnes ſans exception, autres qu'aux Colporteurs, de vendre & colporter aucuns Imprimez par la Ville, s'ils ne ſont du nombre de ceux ordonnez & commis pour vendre és Places & lieux qui leur ſeront déſignez : Et eſt enjoint au premier des Commiſſaires du Chaſtelet de Paris, de faire empriſonner ceux qui ſeront trouvez vendans ou colportans des Livres par la Ville, autres que les Vingt-quatre ordonnez & députez pour ce faire. Deſquels Vingt-quatre, les huit premiers plus anciens receus, auront leur Département dans les Courts & Salles du Palais, où les autres ne pouront aller vendre que par ſucceſſion en la place de ceux qui ſeront decedez ; mais

leur fera permis de vendre par la Ville, és lieux qu'ils trouveront les plus avantageux pour leur debit.

Sentence du Bailly du Palais, du vingt-uniéme Aouft 1579. confirmative de la précedente, par laquelle auffi défenfes font faites à tous Colporteurs de Livres, qui ne font compris audit Reglement, de vendre aucun Livre en la Court du Palais & enclos d'iceluy, fur peine d'amende arbitraire, confifcation de leur marchandife, & punition corporelle, s'il y échet. Permis aux vrais Colporteurs, & à chacun d'eux, de faire faifir & arrefter les autres Colporteurs qui ne font nommez ny compris audit Reglement, qui fe trouveront refractaires & contrevenans à iceluy.

Sentence du Prevoft de Paris, du Samedy fixiéme jour d'Aouft 1594. Long-temps auparavant, les places des Colporteurs avoient efté reglées par Sentence du Bailly du Palais, du 22. Septembre 1578. confirmée par Arreft du dernier Avril 1579. En fuite dequoy, par autre Sentence dudit Bailly du Palais du 3. Juillet 1579. fut permis aux Colporteurs, lors demandeurs, vendre Almanachs, Edits, Ordonnances, Arrefts imprimez, & petits Livres non-cenfurez, en la Court du Palais, és endroits, forme & département qui enfuit: A fçavoir, que partie defdits Colporteurs fe retirera du cofté de la Sainte Chapelle, vis à vis des grands degrez d'icelle, & à quatre toifes prés: Et l'autre partie fe retirera du cofté du May du Palais, à vne toife prés du Carcan eftant devant ledit May. Seront tenus lefdits Colporteurs d'eftaller & fe placer en long & par rang felon l'ordre de leur nomination en ce prefent département, Comme auffi ils feront tenus changer par chacune fepmaine de lieu & place; de forte que ceux qui auront efté du cofté de la Sainte Chapelle l'efpace d'vne femaine, ils feront l'autre femaine enfuivant, du cofté dudit May du Palais. Outre Leur font faites défenfes tres-eftroites de quereller les vns contre les autres, ny contre les Marchands qui ont boutiques dans le Palais; Comme auffi défenfes font faites aufdits Marchands du Palais, de leur reprocher ny improperer le lieu à eux défigné, ny autre chofe, fur peine d'amende arbitraire, & de punition corporelle, s'il y échet.

Sentence du 13. May 1616. par laquelle Gilles Mefnard, Jacques Bellay, & Jacques la Croix, pour avoir fait office de Colporteurs, combien qu'ils ne fuffent du nombre des Douze, furent emprifonnez, & par Sentence du Chaftelet du 3. Mars audit an, leurs Livres faifis furent declarez confifquez au profit des Colporteurs. Le mefme a efté jugé par Sentence du Procureur du Roy au Chaftelet le 29. May 1617. contre Nicolas Gagnier, qui en outre fut condamné en vingt-quatre fols d'amende, & aux dépens.

Arrefts des 15. Septembre 1616. & 15. Mars 1619. par lefquels eft enjoint aufdits Libraires, Colporteurs ordinaires de cette Ville de Paris, de fe faifir de ceux qui fe trouveront vendans lefdits Ecrits, à peine d'en répondre en leurs noms, & de pareille peine cy-deffus, comme coupables & complices.

Sentence du 14. Octobre 1641. Défenfes à tous Compagnons Imprimeurs & Li-

H ij

braires, de vendre ou colporter par la Ville, qu'ils n'ayent Certificat, à peine de Prison.

Arreſt du 17. Janvier 1645. Défenſes à toutes perſonnes de vendre ou colporter par la Ville, aucuns Livres ou Libelles, s'ils ne ſont du nombre des Colporteurs receus, ſous peine de punition corporelle.

Autre du 29. Janvier 1650. portant défenſes de colporter, de vendre & debiter aucuns Imprimez ſans permiſſion, à peine de la vie.

Autre Arreſt du 6. Juillet 1663. Défenſes à toutes perſonnes de vendre ou colporter, &c.

Ordonnance du 22. Aouſt 1670. Défenſes à toutes perſonnes, tant hommes que femmes, à l'exception des Colporteurs qui ſeront receus, de vendre, crier, ny debiter en particulier, aucuns Ecrits, Livres, Livrets, ny Imprimez, à peine de punition corporelle.

DES LIBRAIRES FORAINS.

Reglement de 1618.	*TITRE VIII.*
### ARTICLE LXII.	### ARTICLE I.

LES Libraires Forains ne pourront tenir Boutique, Magazin, ou Imprimerie, ny faire afficher leurs Livres en la Ville de Paris, par le moyen de Facteurs, ou autres perſonnes qu'ils pouroient interpoſer. Comme auſſi il eſt défendu à tous Libraires, Imprimeurs & Relieurs de cette Ville de Paris, de faire aucune Facture pour les Libraires, tant de dehors que dedans le Royaume: Et ne ſejourneront leſdits Marchands Forains plus de trois ſemaines pour tous délais, à compter du jour de l'ouverture & viſite de leurſdits Livres, pour la diſtribution d'iceux, à peine de confiſcation des Marchandiſes qui ſe trouveront ledit temps expiré, & d'amende arbitraire aux contrevenans.

LES Libraires Forains ne pourront avoir Magazins, tenir boutiques de Libraire ou Imprimeur, ny faire afficher leurs Livres en la Ville de Paris, par le moyen de Facteurs, ou autres perſonnes interpoſées. Ne pourront auſſi leſdits Libraires Forains ſejourner en ladite Ville, pour y negocier plus de trois ſemaines, à compter du jour de l'ouverture des Balles & viſites de leurs Livres, & ſeront tenus dans ledit temps, d'en faire la vente, échange ou diſtribution aux Libraires ou Imprimeurs de Paris; aprés lequel temps, leſdits Livres, ou ceux qui reſteront, ſeront embalez & rendus auſdits Libraires Forains, qui auront la liberté de les remporter, ſi bon leur ſemble, ou de les laiſſer en dépoſt entre les mains de l'un des Maiſtres Libraires ou Imprimeurs de Paris. Pourront auſſi leſdits Libraires Forains, faire porter leſdits Livres l'année ſuivante, dans la meſme Chambre de la Communauté, pour y eſtre de nouveau negociez ou debitez pendant pareil temps de trois ſemaine la maniere cy-deſſus preſcrite

que les Imprimeurs, Libraires, &
autres perfonnes demeurant en ladite Ville de Paris, puiffent faire
aucunes Factures pour les autres
Imprimeurs ou Libraires Eftrangers, ny pour ceux des Provinces;
le tout à peine de confifcation &
d'amende.

Par Sentence du 5. Novembre 1613. contre Paul Frelon, Libraire de la Ville de
Lyon, défenfes luy ont efté faites, & à tous autres Marchands Forains, d'expofer en
vente aucune marchandife de Librairie en cette Ville de Paris, plus long-temps que
quinzaine par chacun an, en peine de confifcation.

Sentence du Prevoft de Paris, contre Eftienne Vercüil, & Jean Pain, Marchands
Libraires de Roüen, du 2. Juillet 1619. fur le mefme fujet.

Regl. de 1610. **ART. III.**

*Que dans quinzaine aprés la pu-
blication des Prefentes, du confentement du Procureur du Roy, & de noftre
Ordonnance, fera choify vn lieu auquel feront mis toutes les Marchandifes de Librairie, qui arrivant à
Paris, tant par Tonneaux, Balles, Pacquets qu'autrement, par eaüe ou par
terre, feront déchargées & vifitées par
les Syndic & Adjoints.*

Regl. de 1610. **ART. IV.**

*Interdifant dés à prefent, l'exercice
de ladite Imprimerie & Librairie, en
lieux fecrets, Faux-bourgs, Villages,
& autres lieux publics, &c.*

ART. II.

ET pour remedier aux abus qui
fe commettent dans le Commerce
des Livres, qui font apportez à
Paris par les Libraires ou Imprimeurs Eftrangers, & par ceux des
Provinces; l'Echange ou Vente
defdits Livres, qui feront portez
ou envoyez à Paris, fe fera dans
la Chambre & Maifon de la Communauté des Imprimeurs & Libraires de Paris, & non ailleurs,
à peine de confifcation & d'a-
mende.

ART. III.

AUCUNS Imprimeurs & Li-
braires Eftrangers, ny autres, ne
pouront tenir Boutique ou Magazin de Livres, aux Foires de
Saint Germain, & de S. Laurent,

ny vendre & debiter aucuns Livres aufdits lieux , de telle forte
qu'ils puiffent eftre , à peine de
confifcation, & de punition exemplaire ; Et en cas de contravention , les Syndic & Adjoints des
Imprimeurs & Libraires , feront
tenus de les faire faifir & enlever.

Article verifié en la Cour le 27. Septembre 1650. portant défenfes à tous Libraires,
Imprimeurs & Relieurs , de prendre Boutiques aux Foires de Saint Germain & Saint
Laurent, à peine de confifcation des Marchandifes, &c.

Arreft du Confeil du 10. Février 1665. par lequel le Roy ordonne aux Syndic &
Adjoints, de veiller à ce que les Libraires ne prennent Boutiques de Librairie aufdites
Foires, à peine de Trois mil livres.

Autre Arreft du Confeil d'Eftat, du 24. Janvier 1666. qui confirme ce que deffus.

DES SYNDIC ET ADJOINTS,
& Maistres de Confrerie.

Declaration de Charles IX. en May 1571.

Art. XXIII.

LES Maistres Imprimeurs de Paris éliront par chacun an, deux d'entr' eux, avec deux des 24. Maistres Libraires Jurez de ladite année : l'office desquels sera de regarder qu'il ne s'imprime aucun Livre ou Libelle diffamatoire ou heretique, & que les Impressions qui se feront en chacune Ville, soient bien & convenablement faites, correctement & en bon papier, bons caractères, qui ne soient pas trop usez. Et où lesdits Jurez trouveront quelques fautes qui meritent reprehension, soit en l'impression, ou que les Articles presens ne soient observez, ils en feront leur raport, pour y estre pourveu par le Juge ordinaire, Civil ou Criminel, selon l'exigence des cas.

Regl. 1610.   Art. I.

— Que dès l'endemain le lendemain du jour de Saint Remy, sera procedé à l'élection & nomination d'un Syndic, & de quatre Maistres & Gardes Marchands Libraires, sçavoir deux anciens deux jeunes, qui seront nommez & élus par soixante Marchands Libraires, qui seront pris consecutivement selon leur antiquité, pour exercer ladite

TITRE IX.

ARTICLE I.

IL sera procedé toutes les Années le huitiéme de May, à l'élection d'un Syndic, d'un Adjoint Imprimeur, & d'un Adjoint Libraire, en la place de ceux qui aprés deux années de service & fonctions dans lesdites Charges d'Adjoints, en devront sortir. Il sera aussi procedé audit jour, de deux ans en deux ans, à l'élection d'un Syndic, qui sera pris indifferemment du nombre des Imprimeurs, ou de celuy des Libraires, & seront lesdites élections faites en la Chambre de la Communauté, en la presence du Lieutenant General de Police, & de nostre Procureur au Chastelet, à la pluralité des voix, par les Syndic & Adjoints en charge, les anciens Syndics & Adjoints, huit Imprimeurs & huit Libraires mandez, & celuy des Imprimeurs ou Libraires qui aura le plus de voix, sera le premier des Adjoints, & tiendra la premiere place : Et ladite élection ainsi faite, lesdits nouveaux Syndic & Adjoints presteront Serment à l'instant, de bien & fidelement se comporter

en

Charge de Maiſtre & Garde deux ans accomplis.

en leurs Charges ; Dequoy leur ſera donné Acte.

Regl. 1610. ART. II.

Seront auſſi choiſis & éleus le lendemain de l'élection des Libraires, deux Maiſtres Imprimeurs, qui ſeront choiſis & nommez par tous les Maiſtres Imprimeurs ayant Imprimerie ouverte, & exerceront pareillement deux années accomplies, ſçavoir vn jeune & & vn ancien.

Regl. 1618. ART. XLIV.

Tous Libraires, Imprimeurs & Relieurs, s'aſſembleront par chacun an, en la Salle des Mathurins, au Bureau de la Communauté, en la preſence du Lieutenant Civil, & du Subſtitut du Procureur general au Chaſtelet, le huitiéme jour de May, à deux heures de relevée, & non plus tard, pour proceder à l'éction d'vn Syndic, & de quatre Adjoints : A ſçavoir d'vn Libraire & d'vn Imprimeur, à la deſcharge des deux precedens. Et ſeront tenus leſdits Syndic & Adjoints preſter le ſerment à l'inſtant de leur reception, de bine & fidelement ſe comporter en leur charge, dequoy leur ſera donné acte : & continüeront ladite aſſemblée d'année en année, ſans frais.

Par l'Ordonnance du Roy Charles IX. en l'an 1571. Art. 23. il eſt dit que les Maiſtres de Paris éliront par chacun an deux d'entr'eux, avec deux des 24. Libraires Jurez, l'office deſquels ſera de regarder qu'il ne s'imprime aucun Livre, ou Libelle diffamatoire, ou heretique, & que les Impreſſions ſoient bien & convenablement faites, correctement & en bon papier, bons caracteres, qui ne ſoient pas trop uſez. Et où les Jurez trouveront quelques fautes qui meritent reprehenſion, ſoit en l'impreſſion, ou

I

que les Articles & Reglemens portez par les Ordonnances Royaux, ne foient obfervez, ils en feront leur raport, pour y eftre pourveu par le Juge ordinaire, Civil & Criminel, felon l'exigence des cas: Autant en feront ceux de Lyon.

Arreft du 15 Septembre 1616. fur le mefme fujet.

Sentence du 24. May 1617. par laquelle il eft dit qu'il ne fera appellé d'orefnavant aux Affemblées que fix Libraires & fix Imprimeurs.

Arreft du Confeil d'Eftat, du 21. Juin 1639. pour raifon de l'élection d'un Syndic & Adjoints, laquelle fe fera en la Chambre, en y appellant les Anciens, fix Imprimeurs & fix Libraires.

Sentence du 28. Septembre 1658. renduë à l'encontre de Sebaftien Martin, par laquelle luy eft fait défenfes de faire aucune Affemblée, fans la participation du Syndic, à peine d'eftre décheu de fa Charge d'Adjoint.

Regl. 1618. ART. LXVI.	ART. II.
Enjoint aux Libraires, Imprimeurs, Relieurs, Colporteurs & autres, de porter honneur & refpect aux Syndic, Gardes & Adjoints, & défenfes de les injurier, méfaire ny médire.	ENJOINT aux Imprimeurs, Libraires, Relieurs, Doreurs, Colporteurs & autres, de porter honneur aux Syndic & Adjoints, & de leur obeïr en faifant leurs Charges. Défenfes de les injurier, méfaire ou médire, à peine d'amende, & de punition exemplaire, fi le cas le requiert.

Sentences du Chaftelet, contre Claude Percheron, des 17. Juin & 6. Juillet 1617. condamné à porter honneur & refpect aux Syndic & Adjoints.

Autre Sentence contre Abraham le Febvre, du 15. Decembre 1617. fur le mefme fujet.

Sentence du 21. Janvier 1625. Enjoignons à tous Libraires & Imprimeurs, de fe trouver aux Affemblées toutes & quantesfois qu'ils feront requis par le Syndic, en la Chambre de la Communauté, à peine de vingt livres parifis d'amende, toutes les fois qu'ils y manqueront.

Arreft du 7. Septembre 1630. contre Jean Hobert, Marchand Libraire à Paris, qui fut condamné à porter honneur & refpect aux Syndic & Adjoints.

Sentence du 8. Janvier 1650. portant défenfes à tous Libraires & Imprimeurs, d'attenter & porter honneur & respect aux Syndic & Adjoints ; & à leurs Domestiques , de s'assembler & attrouper, à peine d'estre punis comme perturbateurs du repos public : & les mettons en la protection & sauve-garde du Roy, de Justice, & desdits Particuliers, dont ils seront responsables solidairement.

Sentence du 22. Septembre 1657. contre Antoine Clement , qui fut condamné à quatre livres parisis d'amende, & aux dépens , pour n'avoir pas porté honneur & respect aux Syndic & Adjoints.

Ordonnances Royaux , données à Chartres, au mois de Juin 1467.

Ordonnons qu'iceux Confreres Maistres , ou leurs Commis & Députez , puissent sur chacun Confrere demeurant presentement en nostre-dite Ville de Paris , prendre & lever quatre sols parisis , outre & par-dessus lesdits douze deniers parisis ; & sur ceux qui seront d'oresnavant créez Libraires, Ecrivains, Enlumineurs , Relieurs de Livres , & Parcheminiers , qui voudront tenir Ouvroir, avant qu'ils puissent tenir iceluy, & qu'ils soient en ladite Confrerie , vingt-quatre sols parisis : Et sur les nouveaux Apprentifs desdites Sciences & industries , huit sols parisis pour vne fois seulement , avec vn denier parisis pour chacune semaine , sur chacun Homme desdits Estats tenant Ouvroir en ladite Ville. Et semblablement qu'aucun Maistre n'ait ou tienne Valet gagnant argent , qu'il ne soit de ladite Confrerie , & paye lesdits douze deniers parisis , avec vn denier parisis par chacune semaine , pour toutes lesdites sommes convertir & employer par lesdits Maistres , ou leurs Commis & Députez , au Divin Service de ladite Confrerie , & autres dépenses & affaires d'iceux Confreres.

ART. III.

NE seront à l'avenir éleus aucuns Maistres de Confrerie en ladite Communauté , & sera ladite Confrerie administrée par les deux Adjoints derniers en charge, ausquels sera payé annuellement par chacun Maistre de la Communauté , Trente sols au jour & Feste de Saint Jean Porte-Latine ; Et Douze livres vne fois payées par chacun des Maistres qui seront receus à l'avenir. Seront lesdits deux Adjoints tenus rendre compte de leur administration , par-devant les Syndic & Adjoints en charge , les anciens Syndics, & les deux derniers Adjoints sortis de charge seulement.

ART. IV.

L E Syndic rendra compte de
la Recepte & dépenfe , & adminiftration des deniers & effets de
la Communauté , dans trois mois
pour le plus-tard , du jour qu'il
fera forty.

Sentence contradictoire du 2. Juillet 1615. par laquelle Laurent Saumin Marchand
Libraire , eft condamné de rendre compte de l'adminiftration qu'il avoit euë comme
Syndic de ladite Communauté , dans vn mois du jour de ladite Sentence , à peine
d'emprifonnement de fa perfonne.

DE LA VISITE DES IMPRIMEURS
& des Libraires.

De laration de Henry II.
du 27. Juin 1551.
ART. XVI.

VOVLONS , Ordonnons & Nous plaiſt , Que deux fois l'an pour le moins , és Villes où il y a Vniverſité & Faculté de Theologie, ſoient viſitées les Officines & Boutiques des Imprimeurs, Libraires & Vendeurs de Livres, & où il n'y a Vniverſité, &c. comme en l'Art. 9. Auſquels Députez leſdits Imprimeurs & Libraires ſeront tenus & contraints par toutes voyes en tel cas requiſes , faire ouverture de leurs Boutiques & Officines , pour ſaiſir & mettre en noſtre main , tous les Livres qu'ils trouverent cenſurez & ſuſpects de vite , & ſans aucun ſalaire.

Reglement de 1610.

ART. V. & VII.

Que le Syndic & Maiſtres & Cardes des Libraires & Imprimeurs , de ſix mois en ſix mois , ſeront tenus de porter au Greffe de la Police, les Noms, Surnoms & domiciles des Marchands Libraires & Imprimeurs , & des Boutiques ouvertes & Imprimeries en leur lieu.

Seront tenus leſdits Syndic & Mai-

TITRE X.
ARTICLE I.

LES Syndic & Adjoints feront des Viſites generales dans toutes les Imprimeries, du moins vne fois tous les trois mois. Dans les Boutiques des Libraires , & dans les Imprimeries , toutes & quantesfois qu'ils le trouveront neceſſaire. Ils dreſſeront Procez verbal des Ouvrages qui s'imprimeront ; des Apprentifs qu'ils auront trouvez ; du nombre des Preſſes de chacun Maiſtre Imprimeur, & des malverſations, ſi aucunes y a. Lequel Procez verbal ils mettront entre les mains du Lieutenant General de Police, pour y pourvoir.

tres & Gardes , de s'informer secrete-
ment de tous les monopoles , abus &
malversations qui seront faites contre
les Ordonnances, Arrests & Edits faits
sur la reformation de la Librairie &
Imprimerie , & contre l'institution d'i-
celle , pour en faire raport à la Police :
Comme aussi de tous les monopoles &
débauches des Apprentefs & Compa-
gnons de ladite Imprimerie, pour y estre
pourveu suivant les Reglemens cy-de-
vant faits.

Regl. 1618. Art. LXVII.

Les Syndic & Adjoints iront en vi-
site , suivant les Edits & Reglemens
cy-devant donnez pour raison de ce ,
& feront leur raport des malversa-
tions qui se commettent , pardevant le
Lieutenant Civil.

Arrest du onziéme Septembre 1665. Enjoint Sa Majesté aux Syndic & Adjoints de la Communauté des Marchands Libraires & Imprimeurs de Paris , de faire toutes recherches & visites en toutes les Villes & autres lieux de son Royaume, des Livres contrefaits , Libelles diffamatoires , & des Memoires d'Estat & de Religion , imprimez sans Privilege, & les faire saisir , mesme les Marchandises qui s'y trouveront jointes , & en dresser Procez verbal, pour iceluy raporté & veu au Conseil, où les contrevenans seront assignez, estre ordonné ce que de raison.

Arrest du onziéme Avril 1674. Ordonne qu'à la requeste & diligence du Syndic des Marchands Libraires & Imprimeurs de Paris, la recherche des Livres défendus ou contrefaits , sera continuée , & les visites necessaires aussi faites dans les Boutiques & Magazins des Libraires , & par tout ailleurs où besoin sera. Et tant ceux qui se trouveront saisis desdits Livres défendus, que ceux qui auront contrevenu aux Priviléges accordez par Sa Majesté, seront assignez au Conseil.

Regl. 1610. **ART. III.**

Que dans quinzaine aprés la publication des Presentes, du consentement du Procureur du Roy, & de nostre Ordonnance, sera choisy vn lieu propre, auquel toutes les Marchandises de Libraires qui arriveront à Paris, tant par Tonneaux, Balles, Pacquets, qu'autrement, par Lettres de Voiture ou Facture par eau ou par terre, aux perils des Marchands, ou autrement, seront déchargez, & le Gardien dudit à l'instant avertira le Syndic, & Maistres & Gardes de la Librairie ou Imprimerie, ou l'vn d'eux, pour se transporter audit lieu.

ART. XIV.

Que défenses sont faites à tous Libraires, Imprimeurs & autres, de recevoir aucunes Marchandises de Livres, tant par Eau que par Terre, par Balles, Tonneaux, Pacquets ou autrement, sans qu'elles ayent esté conduites au lieu qui sera ordonné, à peine de confiscation, & de cinq cens livres d'amende, sans esperance de remise, dont le tiers de ladite Marchandise & amende, sera affecté au Dénonciateur, vn tiers au Roy, & l'autre tiers applicable à la Communauté des Libraires, pour les affaires de leur Estat.

ART. XV.

Qu'aucun ne poura retirer dudit lieu, les Marchandises qui y seront déchargées, que visitation préalablement faite

ART. II.

Tous les Libraires & Imprimeurs, ou autres personnes de telle qualité & condition qu'elles soient, qui auront fait venir des Livres à Paris, des Païs estrangers, ou d'ailleurs, seront tenus de les faire apporter dans la Salle ou Chambre de la Communauté, au mesme estat qu'ils sont arrivez; Et ne pouront les retirer de la Doüanne, des Voituriers par Terre ou par Eau, & des Messagers, sans vn Tillet du Syndic, signé de luy, ou de l'un de ses Adjoints, dont ils tiendront Registre en les délivrant. Et seront lesdits Syndic & Adjoints tenus de visiter lesdits Livres tous les Mardis & Vendredis, deux heures de relevée, en la Chambre de ladite Communauté, où ils se trouveront pour faire lesdites Visites, au moins trois en nombre, ayant préalablement pardevers eux, la Facture de ce que contiennent les Balles, Caisses & Pacquets, dont le Syndic demeurera chargé. Et où il se trouveroit des Livres ou Libels diffamatoires, contre l'honneur de Dieu, bien & repos de nostre Estat, ou imprimez sans nom d'Auteur, du Libraire, & de la Ville où ils auront esté imprimez, des Livres contre-faits sur ceux qui auront esté imprimez avec Privilege, ou continüation de Privilege; lesdits Syndic & Adjoints seront tenus *en la maniere cy-deſſus, à peine de punition contre le Gardien du lieu, & de confiſcation de la Marchandiſe contre les contrevenans, & d'amende arbitraire.*

Regl. 1610.　Art. XVI.

Si en viſitant ladite Marchandiſe, il ſi trouve quelque Livre ſans le nom de l'Imprimeur & Libraire, ſans ſa Marque & le nom de la Ville, datte de l'année de l'impreſſion, ou qu'il y ait quelque falcification ou ſupoſition de nom; bref, tout ce qui ſe trouvera contre les Edits & Ordonnances faites ſur la reformation de la Librairie & Imprimerie, ſeront ſequeſtrez par les Syndic & Maiſtres & Gardes, qui en donneront avis au Procureur du Roy, & en feront leur raport en la Chambre Civile ou Police, & demeureront confiſquez, & les contrevenans condamnez en l'amende arbitraire.

Art. XXII.

En viſitant les Marchandiſes des Libraires, ce qui ſe trouvera imprimé & contre-fait, au prejudice des Priviléges obtenus par les Libraires ou Imprimeurs de cette Ville, ſeront arreſtez & ſaiſis par les Syndic & Maiſtres & Gardes, ſequeſtront iceux, avertiront la Partie intereſſée, & en feront raport.

Regl. 1618. Art LXVIII. & LXIX.

Tous Libraires, Imprimeurs & Relieurs, Marchands Forains, qui auront fait venir aucuns livres de dehors le

d'arreſter tous leſdits Livres, & ceux qui y ſeront joints, meſme les Marchandiſes, s'il y en a, qui ſe trouveront avoir ſervy de couverture ou de pretexte pour faire paſſer leſdits Livres.

Royaume, ou autre Ville de l'obeïssance du Roy, en cette Ville de Paris, sont tenus iceux faire apporter dans le Magazin ou Chambre de la Communauté des Libraires, soit par Balles, Tonnes, Caisses, Bahuts ou pacquets, blancs ou reliez, lesquels ils ne pourront retirer de la Doüanne, sans permission du Syndic & Adjoints, qui les visiteront, encore qu'elles fussent envoyées à quelques Particuliers, en la maniere accoûtumée. Et où il se trouveroit Livres ou libelles diffamatoires, contre l'honneur de Dieu, bien & repos de l'Estat, imprimez sans nom d'Auteur, du Libraire, & de la Ville où ils auroient esté imprimez, & contrefaits sur ceux qui auront esté imprimez par aucuns des Libraires de cette Ville de Paris, il est enjoint ausdits Syndic & Gardes, de saisir & arrester toutes lesdites Marchandises, & faire assigner ceux à qui elles seront envoyées, pour se voir condamner en l'amende, & voir confisquer lesdits Livres à qui il appartiendra; reservé ausdits Syndic & Adjoints, le tiers de toutes lesdites confiscations, le tout à peine d'en répondre en leurs propres & privez noms.

Regl. 1618. Art. LXIX.

Il est défendu à tous Marchands, tant de cette Ville de Paris que Forains, ayant fait amener livres en cette Ville de Paris, de les vendre & debiter, qu'ils n'ayent esté visitez par les Syndic & Adjoints, ny les retirer de la Doüanne qu'avec le Certificat desdits Syndic & Adjoints: lesquels Syndic, Gardes & Adjoints

*feront tenus auffi prendre Tillet les vns
des autres, pour eftre leurs Marchandifes veües & vifitées, ainfi que les
autres Libraires, fur les mefmes peines
que deffus.*

Henry II. le 27. Juin 1551. Art. 15. Eft auffi défendu à tous Libraires, Imprimeurs & Vendeurs de Livres; Qu'ils n'ayent à ouvrir aucunes Balles de Livres qui leur font apportez de dehors, &c.

Sentence du Prevoft de Paris, contre Eftienne Vereüil & Jean Pain, Libraires de Roüen, du 2. Juillet 1619.

Arreft du 15. Février 1611. Il eft ordonné que les Livres apportez en cette Ville de Paris, feront veus & vifitez par les Syndic & Adjoints de la Communauté, en la maniere accouftumée.

Sentence contradictoire du 3 Février 1617 par laquelle la Veuve Giffard, qui avoit receu onze Balles de Marchandifes, fans le Tillet du Syndic, ou de fes Adjoints, fut condamnée en vingt livres d'amende.

Sentence du Prevoft de Paris du 2. Juin 1617. contre la Veuve Jean de Rieux, & Auguftin Mcéz, Voituriers par Terre de la Ville de Roüen, par laquelle défenfes font faites à tous Marchands Libraires, Voituriers & autres perfonnes, de délivrer aux Marchands Libraires & autres de cette Ville de Paris, aucune Marchandife, qu'au prealalable elle n'ait efté menée à la Doüanne, vifitée, & eu le Tillet des Syndic & Gardes, à peine de quatre cens livres parifis d'amende, & de confifcation, nonobftant oppofitions ou appellations quelconques.

Pareille Sentence du 7. Octobre 1617. contre Martin Taboüette, Voiturier de Roüen.

Pareille Sentence contre Nicolas Prevoft, Libraire de Roüen, du 16. May 1619.

Sentence du Prevoft de Paris, contre Nicolas Valleton, & Jean Fay, Marchands Libraires de la Ville de Troyes, du 13. Juin 1619.

Autre pareille Sentence contre Pare Piot, du 4. Juillet 1619.

Sentence contradictoire du 20. Novembre 1652. par laquelle Euftache Chaftelain, Marchand Mercier, a efté condamné en quatre livres d'amende, pour avoir receu vne Balle de la Doüanne, fans Billet du Syndic, ou de fes Adjoints.

Sentence du Chaftelet du 30. Aouft 1653. par laquelle eft fait défenfes à Jean Sulmont, Voiturier par Eaüe, & à tous autres, de délivrer les Ballots de Livres qu'ils ameneront en cette Ville, fans avoir vn Billet du Syndic de la Communauté.

Sentence du Chaftelet du 2. Septembre 1653. contradictoire entre le Syndic des Libraires, & Antoine Sommaville, Pierre David, Thomas Jolly, & Nicolas de la Cofte, par laquelle les deux Paquets de Livres par eux retirez du Bateau de Jean Sulmont, fans avoir vn Billet dudit Syndic, ont efté confifquez, & défenfes de récidiver.

Arreft de la Cour des Aydes, du dernier Juin 1663. par lequel les Livres & Dentelles envoyez par le nommé Fopins, ont efté confifquez, fçavoir les Livres au profit des Libraires, & les Dentelles au profit du Fermier de la Doüanne, pour n'avoir pas declaré lefdites Dentelles & Livres, & coudamné aux dépens.

Sentence du 5. Septembre 1663. portant défenfes à tous Particuliers, de retirer de la Doüanne, Meffagers ou Voituriers, aucuns Ballots de Livres, fans le Billet du Syndic, ou de fes Adjoints.

Ordonnance du 10. Septembre 1669. Ordonnons qu'à l'avenir il ne poura eftre delivré aucuns Livres apportez en cette Ville, de quelques lieux ou Païs qu'ils puiffent venir, & à quelques perfonnes que ce foit, s'ils n'ont efté auparavant veus & vifitez dans le College Royal, par le Syndic des Libraires & Imprimeurs, & des Adjoints, au moins par deux d'entre lefdits Adjoints, fçavoir vn Imprimeur & un Libraire, conjointement avec ledit Syndic, à peine de confifcation, & de mil livres d'amende, tant contre ceux qui auront receu lefdits Livres, que contre ceux qui les auront délivrez. Et pour donner d'autant plus de moyen de faire commodément lefdites Vifites, Ordonnons qu'elles feront faites reglément dans ledit College, les Mardis & Vendredis de relevée de chacune femaine.

Ordonnance du 8. Novembre 1670. portant de donner aux Syndic & Adjoints, avant la vifite des Livres qui viennent de dehors, la Facture, & défenfes à tous Libraires & Imprimeurs, de recevoir chez eux lefdites Balles, Ballots ou Pacquets avant la vifite, à peine de cinq cens livres d'amende, & de confifcation.

Arreft du Confeil d'Eftat, du premier Mars 1681. Ordonne que tous ceux qui feront entrer de la Librairie non-défenduë par les Ordonnances, feront tenus de la declarer aux Commis des Cinq groffes Fermes & autres Fermes-Unies, pour eftre par lefdits Commis, les Ballots où elle fera, plombez, pour eftre vifitez, &c.

Regl. 1618. Art. III.

Tous Libraires & Imprimeurs, chacun séparément ou associez, imprimeront les Livres en bons caractères, & bon papier, &c.

ART. III.

Les Syndic & Adjoints, en faisant leurs Visites, tiendront la main à ce qu'il ne soit employé à l'Imprimerie, aucun Papier de mauvaise qualité; & en cas qu'ils en trouvent, ils seront tenus de les saisir, & de les faire transporter en la Chambre de la Communauté.

Sentence du 8. Novembre 1641. entre les Syndic & Adjoints, intervenans en la cause de Jacques Corbin, contre Nicolas Danger Marchand Papetier, &c. portant confiscation de vingt Rames de papier trouvé meslé de differentes pâtes & grandeurs, au profit de la Communauté: Et fait défenses audit Danger, & tous autres Marchands Papetiers, tant Forains que de cette Ville, de vendre aucun Papier qui ne soit bon, loyal & marchand, de vingt mains la Rame, & vingt-cinq feüilles la main, égal en grandeur, le fin avec le fin, & le cassé separé de l'entier, à peine de confiscation.

Regl. 1618. Art. LXX.

Défenses sont faites ausdits Syndic & Adjoints, d'acheter ou faire acheter, ne mettre à part aucuns Livres pour acheter, en faisant ladite visite des Balles de Marchandises Foraines, si ce n'est vingt-quatre heures aprés ladite visite.

ART. IV.

Les Syndic & Adjoints, en faisant la Visite ordinaire des Livres, dans la Chambre de la Communauté, n'en pourront achepter, ou faire achepter aucuns pour leur compte, ny mettre à part pour échanger. Pourront neantmoins, vingt-quatre heures aprés ladite Visite, achepter ou échanger pour leur compte, ce qui restera desdits Livres visitez, ainsi que les autres Libraires.

Regl. 1618.　**ART. LXXI.**　　　　**ART. V.**

Lesdits Syndic & Gardes visiteront les Dominotiers, Imagers & Tapissiers, à ce qu'ils n'ayent à imprimer, ny vendre aucuns Placarts ou Peintures dissoluës ; & s'ils ont des Presses en leurs maisons, de voir qu'elles soient bien garnies de grands Tympans propres à imprimer Histoires & Planches, sans avoir davantage de lettres en leurs maisons, que ce qui leur est ordonné par l'Edit & Arrest de la Cour.

LES Syndic & Adjoints visiteront les Dominotiers, Imagers & Tapissiers, à ce qu'ils n'ayent à imprimer ny vendre aucuns Placards ou Peintures dissolües ; & s'ils ont des Presses en leurs maisons, de voir qu'elles soient garnies de grands Tympans, propres à imprimer seulement des Planches gravées en bois ou en cuivre, & non autrement. Et ne pourront lesdits Dominotiers, Imagers & Tapissiers, avoir pardevers eux aucuns caracteres de fonte, propres à imprimer des Livres, à peine de confiscation des Presses & caracteres, au profit de ladite Communauté des Imprimeurs & Libraires, & d'amende arbitraire.

Cecy est expliqué plus au long par les Lettres Patentes du Roy Henry III. du 12. Octobre 1586. où il est dit, Que les Dominotiers ne pourront tenir Presses en leurs maisons ny ailleurs, sinon grandes Presses accommodées de grands Tympans propres pour imprimer Histoires ; & ne pourront tenir grosses lettres ne petites : ains s'ils ont affaire de lettres, se pourront retirer pardevers les Maistres qui ont les lettres, en convenant de prix avec eux pour leur imprimer ce qu'ils auront à faire. Les Tapissiers ne pourront tenir en leurs Maisons ny autrement, chassis, tympans, frisquettes, cornieres, ny couplets à leurs Presses, & leurs platines seront d'un pied & demy de long, & dix pouces de large, & seront de bois, & n'en pourront avoir de fer, ny tenir aucunes lettres en leur possession, directement ou indirectement. De mesme a-il esté défendu aux Libraires & Imprimeurs d'imprimer Histoires, par Sentence du Chastelet, contre Nicolas Callemont, du 17. Decembre 1610.

DES LIBELLES DIFFAMATOIRES,
autres Livres prohibez & défendus.

Declaration de François I.
du 27. Juin 1551.
Art. VII.

E N interpretant & adjouſtant à l'E-
dit donné à Fontaine-bleau le 11.
Decembre 1547. Faiſons défenſes tres-
expreſſes à tous Imprimeurs & Librai-
res, de n'imprimer, vendre, n'avoir en
leur poſſeſſion aucuns livres défendus,
& qui ja par cenſure de la Faculté de
Theologie à Paris, ont eſté & ſeront re-
prouvez & mis au Catalogue fait & à
faire par ladite Faculté, deſdits livres
reprouvez. Et ſeront tenus ceux qui
en pourroient avoir dés maintenant &
pour l'avenir, ſoit Libraires ou autres,
les apporter & mettre au Greffe de la
Cour de Parlement, ou des Iuriſdictions
Preſidiales, où demeureront tous ceux
qui en auront : excepté toutefois les
perſonnes qui (ſelon les Conſtitutions
Canoniques) peuvent & doivent avoir
livres ſuſpects d'hereſie, pour les voir
& impugner dans leurs Predications.

Declarat. de Charles IX. à Mante,
du 10. Septembre 1563.
Art. IV.

MANDONS & tres-expreſſément
enjoignons, Que derechef tres-ex-
preſſes défenſes ſoient faites de par
Nous, à ſon de Trompe & cry public,
à toutes perſonnes, de quelque eſtat,
qualité & condition qu'ils ſoient, qn'ils

TITRE XI.
ARTICLE I.

TOUS Imprimeurs, Libraires,
ou autres perſonnes, qui imprimeront ou feront imprimer des
Livres ou Libels diffamatoires ou
défendus, feront punis ſelon la
diſpoſition de nos Ordonnances.
Et à l'égard de ceux qui auront
ſupoſé les Noms & Marques les
uns des autres, feront punis comme fauſſaires, privez & décheus
de tous leurs Privileges & Immunitez, & declarez incapables de
pouvoir jamais exercer l'Art &
profeſſion d'Imprimeur & Libraire.

n'ayent, sur peine de confiscation de corps & de biens, à mettre en lumiere, imprimer ne faire imprimer aucun Livre, Lettres, Harangues, n'autres écrits, soit en rithme ou prose; faire ne semer libelles diffamatoires, placarts, ne mettre en évidence aucune autre composition, de quelque chose qu'elle traite, sans que premierement elle ait esté veuë & considerée par Nous en nostre Conseil Privé, & pour ce faire eu permission de Nous sous le grand Scel de nostre Chancellerie: & à tous Libraires d'en imprimer aucuns sans nostre permission ainsi scellée; sur peine d'estre pendus & estranglez. Voulans que de semblable peine soient punis tous ceux & celles qui se trouveront attachans, ou avoir attaché ou semé aucuns placarts ou libelles diffamatoires. Enjoignans à tous Magistrats publics, Commissaires des quartiers, & autres nos Officiers qu'il appartiendra, y avoir l'œil & prendre garde, pour éviter par ce moyen les inconveniens qui en dépendent : Chargeans nos Procureurs & Advocats des lieux d'y faire leur devoir, sur peine, en cas de negligence, d'estre punis de mesmes peines, & de Nous en prendre à leurs propres personnes.

Regl. 1610. Art. XXIII.

Que tous Libraires, Imprimeurs, ou autres personnes, qui se trouveront avoir en leur possession Livres prohibez & défendus, seditieux & pernicieux contre l'Estat, seront tenus dans vingt-quatre heures, de le venir dénoncer à Iustice, & Nous en donner avis & au Procureur du Roy, de quelle part ils ont *ledit Livre, nommeront l'Auteur, s'il est venu à leur connoissance ; autrement & à faute de le dénoncer, estant verifié contre eux qu'ils auront eu ledit Livre en leur possession, seront punis ou chastiez comme perturbateurs du repos public.*

Regl. 1618. Art. LXXII.

Tous Imprimeurs, Libraires ou Relieurs, qui imprimeront, ou feront imprimer Livres ou libelles diffamatoires, seront punis comme perturbateurs du repos public, & en ce faisant, privez & d'cheus de tous leurs privileges & immunitez, & declarez incapables de pouvoir jamais exercer l'Art d'Imprimerie ou Librairie.

Arrest du dernier jour de Juillet 1565. Fut défendu à tous Imprimeurs, Libraires, Colporteurs, ou autres personnes de quelque estat qu'elles soient, imprimer ou faire imprimer aucuns Livres pleins de blasphémes, convices ou contumelies, petulans & ne tendans qu'à troubler l'Estat & repos public, sur peine de confiscation de corps & de biens.

En 1583. les Estats du Royaume ordonnerent que ceux qui composeroient des Libelles, & ceux qui les imprimeroient, seroient punis de mort, & ceux qui les debitent, punis du foüet & bannis.

L'Arrest donné contre Belleville, qui fut pendu pour avoir mis en lumiere vn méchant Livre par luy composé contre le Roy, par Arrest du premier Decembre 1584. & vn autre contre le Breton, le 22. Novembre 1586. & le Livre brûlé. Et depuis en Sept. 1610. contre les Sieurs du Jarrige, Chef-bobin & Chapmartin, qui furent pendus à Paris.

Un Livre intitulé *Prærogativa Hispania de dignitate & præminentia Regum Regnorumque Hispaniæ, & honoratiori loci de titulo eis eorumque Legatis à Conciliis, nec non Romana sede Iure debito tractatus, &c. Authore Iacobo Valdesio*, fut trouvé chez Samuel Celerier Libraire à Paris, fut saisi & le Libraire emprisonné : & par Sentence du Prevost de Paris, du 9. Novembre 1626. brûlé en la Place de Gréve, le Libraire condamné à vingt-quatre livres d'amende. Et défenses faites de plus apporter tels Livres, de les imprimer ny exposer en vente : Et enjoint à tous ceux qui en auroient, de les apporter au Greffe du Chastelet de Paris, pour estre suprimez.

Pareil-

Pareillement ayant esté mis en vente à Roüen, vn Livre intitulé *Aermanni Lamely Spongia*, il fut saisi & declaré diffamatoire, & ordonné qu'il seroit brûlé. Et défenses d'imprimer & exposer tels Livres, par Arrest du Parlement de Roüen „du huitiéme Octobre 1632.

Sentence du Bailly du Palais, contre Joseph Boüillerot & Melchior Mondiere, du 27. Avril 1618. par laquelle il fut dit que les Feüilles imprimées seroient rompuës & lacerées, ledit Boüillerot condamné en douze livres parisis d'amende, & ledit Mondiere en trente-deux livres parisis envers le Roy : A eux enjoint de garder & observer les Edits & Ordonnances, à peine de prison, & de punition corporelle.

Sentence du 24. Janvier 1620. contre Jean Berjon, & Samuel Petit, pour Libelle diffamatoire, par laquelle il fut dit que la Presse à imprimer que ledit Berjon avoit fait porter à Charenton, seroit ostée dans vingt-quatre heures, & les Livres brûlez.

Arrest du premier Avril 1620. qui défend les Gazettes à la main.

En Juillet 1624. on défendit expressément d'imprimer aucuns Memoires concernant les Affaires d'Estat, mesme ceux du Cardinal d'Ossat, sans permission du Roy, signée d'un Secretaire d'Estat.

Arrest du 24. Octobre 1651. portant que les Imprimeries seront venduës sur le champ, de ceux qui impriment des Libelles.

Arrest du 18. Aoust 1666. qui défend les Gazettes à la main.

Arrest du 9. Decembre 1670. portant défenses à toutes personnes de vendre aucuns Libelles écrits, qualifiez Gazettes à la main, à peine du foüet & bannissement pour la premiere fois, & la seconde des Galeres, qui confirme celuy du 18. Aoust 1666.

Arrest du 10. Decembre 1670. confirmé par Arrest du Conseil d'Estat, du 12. Septembre 1672. contre Ribou & David, atteints & convaincus d'avoir vendu & fait negoce de Livres contre la Religion, l'Estat & les bonnes mœurs, pour lequel negoce ils ont esté condamnez aux Galeres, & se trouvaus invalides, la peine fut commuée au foüet & au bannissement, & défenses de tenir Boutique de Librairie, d'en faire la profession, ny de faire imprimer ou debiter aucuns Livres sous leurs noms, ou de personnes interposées, en quelque sorte & maniere que ce soit : Enjoint aux Syndic & Adjoints d'y tenir la main, à peine d'en répondre, &c.

Arrest du Parlement du 10. Février 1672. par lequel Michel Bazile a esté banny de la Ville, Prevosté & Vicomté de Paris, & condamné en cent livres d'amende, pour avoir fait le commerce de Livres défendus & Gazettes à la main, avec défenses de n'en avoir plus aucune en sa possession, à peine de punition corporelle.

Arrest du 14. Mars 1679. contre Gonnot & de la Mothe, Libraires & Imprimeurs

L

de Roüen, qui ont imprimé l'Abbé Commandataire, & l'Evefque de Cour, furent condamnez à reparation honorable, l'Audiance féante, & devant le principal Portail de
Roüen, en chemife, tefte & pieds nuds, la corde au col, tenant en leurs mains chacun
vne Torche ardante à genoux, demander pardon à Dieu, au Roy & à Juftice, bannis
pour neuf ans, &c.

ART. II.

LES Compagnons Libraires, & Compagnons Imprimeurs, ne pouront vendre & negocier aucuns Livres pour leur compte particulier, à peine de confifcation des Livres, & de cinq cens livres d'amende pour la premiere fois, & de punition exemplaire, en cas de récidive.

Sentence du 11. Juillet 1646. portant défenfes à tous Marchands Libraires & Imprimeurs, de donner aucun employ ny ouvrages à faire aux Compagnons Libraires & Imprimeurs, ny les retirer en leurs maifons, s'ils ne font effectivement à leurs gages & fervices, à peine de confifcation des Marchandifes, & de cinq cens livres patifis d'amende.

ART. III.

LES Maiftres Libraires & Imprimeurs, ou leurs Veuves, ne prefteront leurs noms à qui que ce foit, pour tenir Imprimerie ou Boutique de Librairie, vendre ou negocier des Livres, à peine de confifcation des Imprimeries & Livres, au profit de la Communauté, & de cinq cens livres d'amende, & de pareille fomme contre ceux qui fe feront fervis du nom defdits Imprimeurs & Libraires.

DES PRIVILEGES
pour l'Impreßion des Livres.

Reglement de 1618.	TITRE XII.
ARTICLE LXXVI.	**ARTICLE I.**

EST défendu à tous Libraires, Imprimeurs & Relieurs, de contre-faire les Livres defquels il y aura Privilege obtenu du Roy, mefme d'en acheter aucuns ainfi contre-faits des Marchands Forains, ny d'en faire venir en aucune forme & maniere que ce foit, fur les peines portées par les Privileges qui en auroient efté obtenus.

IL eſt défendu à tous Impri-meurs ou Libraires, de contre-faire les Livres pour lefquels il aura efté accordé des Privileges, ou continüations de Privileges; de vendre & debiter ceux qui feront contrefaits, fous les peines portées par lefdits Privileges, qui ne poüront eſtre moderées ny diminuées par les Juges; & en cas de récidives, les contrevenans feront punis corporellement, & feront déchûs de la Maiſtrife, fans qu'ils puiſſent directement ou indirectement s'entremettre du fait de l'Imprimerie, & du commerce des Livres.

Arreſt du Confeil du 6. Mars 1643. au profit de Pierre Rocolet, qui ordonne qu'il joüira de la continüation du Privilege par luy obtenu pendant le temps y porté, à peine de trois mil livres d'amende, & confifcation des Exemplaires.

Sentence du Chaſtelet, du 21. Mars 1654. renduë contre Gafpard Vauganger, Marchand Banquier, par laquelle les fix Balles de Livres à luy envoyées, dans lef-quelles fe font trouvez des Livres de contre-bande, ont efté confifquées, & le quart qui proviendroit de la vente d'iceux, donné au profit de la Communauté des Libraires.

Arreſt du Parlement du 7. Septembre 1657. qui fait défenfes aux Imprimeurs de Roüen, d'achever l'Impreſſion par eux commencée, ny contrefaire le Livre de la Cour Sainte pendant le temps du Privilege, à peine de confifcation.

Sentence du 7. Mars 1663. confirmée par Arreſt du premier Juin audit an, pour les
Syndic & Adjoints, contre le Sieur Fopins, Marchand Libraire à Bruxelle, qui avoit
envoyé deux Tonneaux à Paris, dans leſquels il s'eſtoit trouvé des Livres contre-faits
& de contre-bande; Par laquelle il fut ordonné confiſcation deſdits deux Tonneaux &
Globes qui eſtoient dedans, au profit, ſçavoir la moitié pour le Roy, appliquée aux
Reparations du Chaſtelet, & l'autre à la Communauté, & les Livres contre-faits au
profit du Sieur Danlin, & en quarante-huit livres patiſis d'amende.

Arreſt du 17. Mars 1663. pour Jean de la Caille, contre François Henault, qui avoit
eſté ſaiſy en vendant vn Livre intitulé *l'Année Paſtorale*, contre-fait, fut condamné à
payer audit de la Caille la ſomme de huit cens livres pour tous dépens, dommages &
intereſts, ſauf audit de la Caille à ſe pourvoir contre ceux qui ont contre-fait ladite
Année Paſtorale; Et fait défenſes, tant audit Henault pere & fils, qu'à tous autres, de
debiter deſdits Livres contre-faits.

Arreſt du Conſeil du 14. Aouſt 1663. pour la confirmation des Continüations des
Lettres de Privileges.

Arreſt du Conſeil du 9. Aouſt 1664. rendu au profit de Georges Joſſe, contre les
nommez Malaſſis & la Motte, Marchands à Roüen, qui avoient contre-fait *les Medi-*
tations de Beuvelet, dont ledit Joſſe auroit obtenu prolongation de Privilege, & les
condamne en ſix mil livres d'amende & par corps, & confiſcation des Exemplaires où
ils ſe pourront rencontrer, avec défenſes à tous autres de contre-faire les Livres portez
par ladite Continüation.

Sentence du 3. Octobre 1664. contre Florentin Lambert, à qui l'on avoit adreſſé
deux Pacquets de Livres venant de Flandres, dans leſquels il y avoit des Livres contre-
faits, leſquels furent confiſquez au profit de la Communauté.

Arreſt du Conſeil Privé, du 27. Février 1665. Ordonne que les Lettres de continüation de Privileges obtenües par ledit Joſſe, pour réimprimer les Livres compoſez
par Beuvelet, ſeront executées ſelon leur forme & teneur. Fait défenſes à toutes perſonnes d'y contrevenir, ſur les peines portées par icelles; Et pour y avoir par ledit Malaſſis contrevenu, declare les Exemplaires du Livre intitulé, *Meditations Chreſtiennes*
& Eccleſiaſtiques, ſaiſis en vertu des Lettres du grand Seau, du dernier Mars 1664. &
mentionnez au Procez verbal, du 9. Avril enſuivant, & autres en quelques lieux qu'ils
ſe trouvent, acquis & confiſquez au profit dudit Joſſe, le condamne aux dommages &
intereſts & dépens de l'Inſtance, liquidez à la ſomme de ſix cens livres, ſans autres dépens : Luy fait défenſes de récidiver, ſur plus grandes peines : L'a déchargé de grace de
l'amende portée par leſdites Lettres, pour cette fois ſeulement. Ordonne ſa Majeſté,
Que la Declaration du 10. Decembre 1649. & Arreſt dudit Conſeil, du 14. Aouſt 1663.
ſeront executez, & iceux interpretant, que les Lettres de Permiſſion & Privileges cy-
devant obtenuës par les Marchands Libraires de Paris, Lyon, Roüen, Bordeaux, Tou-
louze & autres Villes, d'imprimer ou réimprimer, ſeront executées ſelon leur forme &
teneur, tant pour les Livres qu'ils ont imprimé ou commencé d'imprimer, que pour

ceux qui reftent à imprimer, à la charge par les Impetrans d'en commencer l'impreſſion dans ſix mois pour tout délay, & de l'achever ſans diſcontinüation, ſinon & à faute de ce faire, ledit temps paſſé, leſdites Lettres demeureront nulles en vertu du preſent Arreſt, & ſans qu'il en ſoit beſoin d'autre.

Arreſt du 11. Septembre 1665. par lequel le Roy permet aux Libraires & Imprimeurs, auquel elle aura accordé des Privileges, prolongations ou continüations d'iceux, de faire ſaiſir & enlever, & mettre en bonne & ſeure garde, tous les Exemplaires de Livres contrefaits, & les Parties aſſignées au Conſeil, pour eſtre ordonné ce que de raiſon.

Arreſt du Conſeil du 14. Aouſt 1668. confirmatif d'un Privilege & continüation.

Sentence du 14. Aouſt 1668. rendu contre le nommé Patin, qui faiſoit commerce de Livres contrefaits, par laquelle il a eſté condamné en Deux cens livres d'amende envers la Communauté, & aux amendes portées par les Livres contrefaits ſur luy ſaiſis.

Arreſt du Conſeil d'Eſtat du 17. Juillet 1669. rendu au profit de Charles de Sercy, contre Charles & Guy Patin, ſur leſquels auroit eſté ſaiſi pluſieurs Livres, moitié deſquels furent confiſquez au profit de la Communauté.

Sentence du 13. Decembre 1670. entre Jean Cavelier Libraire à Caën, contre les Sieurs J. le Gras, J. Couterot, P. de Laune, & S. Meturas, Libraires à Paris, & F. Vautier, Libraire & Imprimeur de Roüen, pour avoir vendu l'Hiſtoire Sainte & Poëtique du P. Hautruche, contre-fait ; Condamne leſdits en quinze cens livres d'amende & dépens : Et faiſant droit ſur la Sommation deſdits le Gras, &c. à l'encontre dudit Vautier, qui avoit contre-fait leſdits Livres, le condamnons à acquiter leſdits le Gras, &c. & en outre à trois cens livres par corps, & aux dépens.

Arreſt du 26. Février 1671. confirmant celuy du 13. Decembre 1670. & en douze livres d'amende, & aux dépens les Appellans.

Arreſt de la Cour du Parlement, du 26. Février 1671. Fait défenſes à tous Libraires & Imprimeurs, autres que ceux qui en auront Privileges, d'imprimer les Livres pour leſquels il y aura Privilege, à peine de quinze cens livres, & de confiſcation des Exemplaires. Ordonne en outre, que les Libraires & Imprimeurs, leſquels mettront dans les Livres par eux contre-faits, le Privilege & le Nom du Libraire auquel il aura eſté accordé, demeureront privez de la fonction d'Imprimeurs & Libraires, ſans eſperance d'y pouvoir eſtre rétabli, meſme pouront eſtre punis extraordinairement, s'il y écheoit. Comme auſſi ordonne que tous les Imprimeurs & Libraires, qui debiteront les Livres contre-faits & imprimez par autres que par ceux qui en auront le Privilege, ſeront condamnez en l'amende de quinze cens livres, laquelle ne poura eſtre diminuée ny remiſe pour quelque cauſe & occaſion que ce ſoit.

Arreſt du Conſeil Privé, du 11. May 1671. entre Frederic Leonard, & Sebaſtien Martin, qui avoit imprimé *les Epiſtres de Saint François de Sales*, dont ledit Sieur Leonard avoit obtenu prolongation de Privilege, fut ordonné que leſdites Feüilles ſaiſies demeureront acquises & confisquées, & condamné ledit Martin aux dépens.

Arrest du Conseil Privé du Roy, du 19. Juin 1671. Ordonne que ceux qui ont imprimé les Oeuvres de Sales, ou partie, sous pretexte d'estre mis en meilleur langage, seront tenus de les raporter dans vn mois au Greffe du Conseil, avec défenses aux Imprimeurs de s'en aider, à peine de confiscation, &c.

Arrest du Conseil Privé, du 13. Juillet 1673. pour la continüation du Privilege des Oeuvres de Saint François de Sales, faisant droit sur les Dires & Requestes respectives, sans s'arrester à celles desdits Libraires de Bordeaux, Thoulouze & Roüen, A debouté & deboute ledit Martin, Syndic & Adjoints de Paris. de leur demande à fin de cassation des Arrests dudit Conseil, des 12. May & 19. Juin 1673. Et en consequence, A maintenu & gardé ledit Leonard dans le Privilege d'imprimer les Oeuvres de Sales, accordé par Lettres du 10. Juin 1671. Condamne ledit Martin & Syndic, en l'amende de trois cens livres envers le Roy, & de cent cinquante livres envers ledit Leonard, & aux dépens.

Sentence contradictoire du 23 Juin 1676. rendüe contre Louis Cabin, Marchand Libraire à Roüen, par laquelle les Livres sur luy saisis, ont esté confisquez au profit de la Communauté des Marchands Libraires de Paris, avec défenses de plus récidiver, & condamé aux dépens.

Arrest du Parlement du 6. Avril 1680. rendu entre Jean Certe Libraire à Lyon (lequel avoit mis dans vne Balle adressée au Sieur Michalet, vn Pacquet de Livres contre-faits) la Communauté des Libraires de Paris, & le Sieur Cramoisy aussi Libraire à Paris, qui ordonne que le Pacquet de Livres contre-faits demeurera confisqué, & condamne ledit Certe en l'amende de deux cens livres, moitié au profit dudit Cramoisy, & l'autre moitié à la Communauté.

Sentence du 2. Decembre 1680. portant confiscation de tous les Livres contrefaits, apportez en cette Ville, par des Particuliers.

Arrest du Conseil d'Estat du 27. Février 1682. fait défenses de contrefaire les Livres qui auront esté imprimez par d'autres Libraires avec Privileges, à peine de punition corporelle.

Arrest des Requestes de l'Hostel du Roy, du 31. Mars 1683. contre lesdits Olivier & Chapuis, Libraires & Imprimeurs de Lyon, atteints & convaincus d'avoir imprimé l'Histoire du Sieur Maimbourg, & ledit Cartron de l'avoir debité, pour reparation dequoy les ont bannis pour six mois de la Ville de Lyon, & défenses d'exercer la Librairie.

Regl. 1610. Art. XII.

Défenses sont faites tres-expressément à tous Imprimeurs, d'imprimer Livres, Exemplaires & Feüillets qui leur seront baillez, sans Permission du Roy, deüement expediée par vn Secretaire d'Estat, & scellée du grand Scel, ou permission du Iuge ordinaire; & aux Marchands Libraires, Relieurs, Colporteurs, & autres personnes se meslant dudit Estat, diceux exposer en vente, à peine de mil livres d'amende pour la premiere fois, & de punition exemplaire pour la seconde.

Regl. 1618. Art. LXXV.

L'Impression de tous nouveaux Livres est défenduë en ce Royaume, sans la permission du Roy, par Lettres du grand Scel, ausquelles sera attachée la Certification de ceux qui auront veu & visité le Livre : & ne sera loisible d'imprimer aucun Livre, sans au commencement & premiere page nommer l'Auteur & l'Imprimeur.

Art. II.

Aucun Libraire ou Imprimeur ne poura imprimer ou faire imprimer aucuns Livres sans Privilege ou Continüation de Privilege ou sans Permission, & sans en faire mention au commencement ou à la fin dudit Livre. Ne pourront lesdits Livres estre imprimez que dans le lieu & la residence des Libraires ou Imprimeurs qui en auront obtenu le Privilege, encore bien qu'ils en eussent cedé & tranporté lesdits Privileges, & en cas de contravention au present Article, lesdits Livres imprimez hors du lieu de la residence de ceux qui en auront obtenu le Privilege, pouront estre imprimez, vendus & debitez par tous les autres Libraires, comme si ledit Privilege n'avoit pas esté accordé.

Declaration du 11. Decembre 1547. Ordonnons & défendons que cy-aprés aucuns Imprimeurs & Libraires n'ayent, sous peine de confiscation de corps & de biens, à imprimer ny vendre aucuns Livres, qu'ils n'ayent esté veus & approuvez.

Declaration du 27. Juin 1551. Art. 11. Et ne sera imprimé ny vendu aucuns Livres, Commens, Scholies, Annotations, Tables, Indices, Epitomes & Sommaires, concernans la Sainte Escriture & Religion Chrestienne, faits & composez depuis quarante ans en-çà, en Latin, Grec, Hebreu & autres Langues, mesme Françoise, que premierement ils n'ayent esté veus & visitez, ceux de Lyon & Paris, par la Faculté Theologie de Paris, & és autres Villes où il y a Faculté, par les Docteurs d'icelle.

Estats de Moulins, 1566. Art. 78. Défendons à toutes personnes que ce soit, d'imprimer ou faire imprimer aucuns Livres ou Traittez sans nostre congé ou permission, & Lettres de Privileges expediées fous noftre grand Scel. Auquel cas, enjoignons à l'Imprimeur d'y mettre & inferer fon nom, & le lieu de fa demeure, enfemble ledit congé & Privilege, & ce fur peine de perdition de biens, & de punition corporelle.

Charles IX. à Paris, le 16. Avril 1571. Art. 10. Défendons l'Impreffion de tous nouveaux Livres en noftre Royaume, fans noftre permiffion par Lettres de noftre grand Scel, aufquels fera attaché la Certification de ceux qui auront veu & vifité le Livre, & ne fera loifible d'imprimer aucun Livre, fans au commencement & premiere page d'iceluy, nommer l'Auteur & l'Imprimeur.

Par Lettres Patentes du Roy Henry III. du douziéme Octobre 1586. fur le Reglement de l'Imprimerie, il eft défendu à tous Imprimeurs & Libraires, de faire mettre aucuns Livres fur la Preffe, ny imprimer, ny faire imprimer iceux, que premier ils n'ayent eu le Privilege accordé du Roy, figné & fcellé en bonne & deuë forme, duquel lefdits Imprimeurs feront tenus retenir pardevers eux, Copie deuëment collationnée.

Sentence contradictoire du 15. Septembre 1607. entre le Syndic & Adjoints, contre le nommé Moreau, qui avoit en fa poffeffion fept Paquets d'un Livre imprimé fans Permiffion, lefquels furent confifquez au profit de la Communauté, & défenfes à tous d'imprimer aucun Livre fans permiffion.

Arreft du 15. Septembre 1616. Et le 15. jour de Mars 1619. le Lieutenant Civil fit publier à fon de Trompe & cry public par les Carrefours ordinaires de Paris, des défenfes à tous Libraires & Imprimeurs, d'imprimer aucuns Livres, Ecrits, Lettres, ne autres chofes generalement quelconques, ny expofer ne debiter iceux Ecrits fans fa permiffion, qui fera inferée au commencement des Ecrits, fur peine d'eftre les contrevenans à ladite Ordonnance, battus & fuftigez nuds de verges.

Sentence du Chaftelet du 15 Mars 1619. qui fait défenfes à tous Colporteurs & autres perfonnes, de vendre & debiter aucuns Livres, Livrets & Feüilles volantes, fans permiffion, qui fera inferée au commencement ou à la fin, à peine du foüet.

Lettres Patentes de Louis XIII. du 27. Decembre 1617. portant défenfes à toutes perfonnes, Imprimeurs & Libraires, de faire imprimer aucuns Livres ou livrets, en quelque langue & quelque matiere que ce foit, fans avoir le Privilege fcellé de noftre grand Sceau, & non d'autres, à peine de l'amende, de confifcation de tous Livres, interdiction pour vn an de leur exercice de Librairie & Imprimerie.

Louis XIII. à Paris, en Janvier 1629. Art. 52. Les grands defordres & inconveniens que Nous voyons naiftre tous les jours de la facilité & liberté des Impreffions, au mépris de nos Ordonnances, & au grand préjudice de nos Subjets, & de la paix & repos de cét Eftat, corruption de mœurs & introduction des mauvaifes & pernicieufes doctrines, Nous obligent d'y apporter vn remede plus puiffant qu'il n'a efté fait par les precedentes Ordonnances, encore que la force des Loix confifte plus en la vigilance des Magiftrats fur l'obfervation & execution d'icelles, qu'en ce qu'elles contiennent. C'eft pourquoy,

quoy suivant le 78. Article des Ordonnances faites à Moulins, Nous défendons à tous Imprimeurs, tant de noftre Ville de Paris, que de toutes autres de noftre Royaume, Païs & Terres de noftre obeïffance, d'imprimer, & à tous Marchands Libraires ou autres, de vendre ou debiter aucuns Livres ny Ecrits qui ne portent le nom de l'Auteur & de l'Imprimeur, & fans noftre permiffion par Lettres de noftre grand Sceau, lefquelles ne pourront eftre expediées qu'il n'ait efté prefenté vne Copie du Livre manufcrit à nos Chancelier ou Garde des Sceaux, fur laquelle ils commettront telles perfonnes qu'ils verront eftre à faire ; felon le fujet & matiere du Livre, pour le voir & examiner, & bailler fur iceluy, fi faire fe doit, leur atteftation en la forme requife, fur laquelle fera expedié le Privilege : Duquel manufcrit à cette fin feront faites deux Copies, dont l'une portant l'Original de ladite Atteftation, fera laiffée és mains de nofdits Chancelier ou Garde des Sceaux, & l'autre collationnée fur icelle, és mains du Libraire ou Imprimeur, au nom duquel fera délivré ledit Privilege : Remettant neantmoins à la difcretion & prudence de nofdits Chancelier & Garde des Sceaux, de difpenfer de cette obfervation ceux qu'ils verront devoir faire, foit par le merite & dignité des Auteurs, ou autres confiderations. Défendons à tous lefdits Libraires & Imprimeurs, de contrevenir à la prefente Ordonnance, fur les peines portées par ladite Ordonnance de Moulins, & d'eftre interdits pour vn an de l'exercice & trafic de leur eftat, & de fermer leur Boutique pendant ledit temps. Et quant aux Livres qui feront apportez de dehors le Royaume, ils ne pouront eftre vendus ny debitez, fans qu'au prealable la facture & inventaire d'iceux n'aye efté reprefentée. Le tout fur peine de punition corporelle, confifcation defdits Livres, & mil livres d'amende.

Ordonnance du 19. Novembre 1643. Défenfes à tous Libraires & Imprimeurs, d'imprimer, vendre & debiter aucuns Livres fans Permiffion.

Arreft du Parlement du 24. Octobre 1652. qui fait défenfes d'imprimer aucuns Livres fans Permiffion.

Arreft du 8. Avril 1653. rendu fur les Conclufions du Procureur General du Roy, par lequel eft enjoint à tous Libraires & Imprimeurs, de mettre entre les mains du Syndic, les Lettres de Privilege qu'ils obtiendront pour l'Impreffion des Livres, huit jours aprés l'obtention, pour eftre infcrites fur le Regiftre de la Communauté.

Arreft du Parlement du 5. Aouft 1653. qui ordonne de mettre entre les mains du Syndic les Lettres de Privileges qui feront obtenües, huit jours apres l'obtention, avec permiffion de faifir les Exemplaires.

Arreft de la Cour des Aydes du 17. Septembre 1657. par lequel eft fait défenfes à tous Imprimeurs d'imprimer aucuns Arrefts de ladite Cour, ny les Titres d'iceux, fans l'avoir auparavant communiqué au Procureur general, & condamne le nommé Beffin en quatre livres d'aumofne.

Sentence du Chaftelet du 6. Juillet 1658. contre Antoine Sommaville Marchand Libraire, par laquelle il eft condamné en quarante-huit livres parifis d'amende, & aux dépeûs , pour n'avoir pas fait enregiftrer les Privileges qu'il avoit obtenus fur le Livre de la Communauté , & fuppofé que lefdits Privileges eftoient enregiftrez.

Arreft du 6. Juillet 1663. Défenfes à tous Imprimeurs, Libraires & Colporteurs, de rien imprimer fans Privilege ou Permiffion.

Arreft du Confeil Privé du 27. Février 1665. Et pour empefcher l'impreffion & debit des mauvais Livres, contraires à la Religion Catholique, au fervice de Sa Majefté, & au bien de l'Eftat, fait défenfes à toutes perfonnes d'imprimer aucun Livre nouveau fans Lettres Patentes fignées & fcellées du grand Sceau, conformément à la Declaration de 1626. fous les peines portées par icelle, mefme aucuns des anciens Auteurs, encore qu'il n'y ait rien d'adjoufté aux Textes, Glofes ou Commentaires, fans permiffion du Juge Royal dans le reffort duquel lefdits Imprimeurs feront domiciliez, à peine d'eftre procedé contr'eux extraordinairement. Ordonne que ceux qui auront obtenu des Lettres de Privilege pour imprimer, & voudront en obtenir des Continüations, pour fe recompenfer de leurs avances, frais & travail, ou autrement, feront tenus de fe pourvoir pardevant Sa Majefté pour cét effet, vn an auparavant l'expiration defdites Lettres : Leur fait Sa Majefté défenfes d'en demander ny obtenir apres ledit temps paffé; Enfemble de demander aucunes Lettres de Privilege ou Continüation, pour imprimer les Auteurs anciens, à moins qu'il n'y ait augmentation ou correction confiderable, fans que pour ce fujet il foit défendu aux autres d'imprimer les anciennes Editions, non augmentées ny reveuës, & en cas qu'elles foient obtenuës cy-apres, demeureront nulles. Ordonne que ceux qui auront obtenu des Lettres de Privilege ou Continüation, feront tenus de les faire fignifier au Syndic des Libraires de Paris, qui fera tenu en tenir vn Regiftre particulier, pour y avoir recours, lequel Regiftre il fera obligé de communiquer à la premiere demande qui luy en fera faite, & qu'en mettant au commencement ou à la fin des Livres, Copie defdites Lettres de Privilege accordées pour les imprimer, & faifant enregiftrer fur le Livre de la Communauté des Libraires de Paris feulement, elles foient tenües pour bien & deüement fignifiées, fans qu'il foit befoin d'autre enregiftrement ny fignification defdits Privileges , & ce dans trois mois du jour de l'obtention defdits Privileges , & d'en commencer l'Impreffion dans fix mois pour tout délay , & de la continüer inceffamment. Le tout à peine d'eftre décheus de l'effet defdites Lettres. Ordonne neantmoins que pour les Continüations des Privileges , ils feront tenus de les faire fignifier aux Syndic , Adjoints, ou Maiftres & Gardes des Libraires de Lyon, Roüen, Thouloufe, Bordeaux & Grenoble feulement, afin que nul n'en pretende caufe d'ignorance, & ne puiffe imprimer & contrefaire lefdits Livres, fous pretexte de l'expiration du premier Privilege. Enjoint Sa Majefté aux Syndic, Adjoints & Maiftres & Gardes, de tenir la main à l'execution du prefent Arreft, & d'empefcher qu'il n'y foit contrevenu, à peine d'en répondre en leurs propres & privez noms : A cet effet les Livres dont on aura obtenu Privilege, ne pouront s'imprimer ailleurs que dans les Villes où demeureront les Libraires qui auront obtenu lefdits Privileges , fous peine de confifcation des Exemplaires qui fe trouveront avoir efté imprimez dehors, de nullité defdits Privileges , & de trois mil livres d'amende , & fervira le prefent Arreft de Reglement general, nonobftant l'Arreft du Parlement de Paris, du 7. Septembre 1657. & tous autres Reglemens & Arrefts à ce contraires; Et en cas de contravention, permet Sa Majefté d'affigner les contrevenans au Confeil, en vertu du prefent Arreft.

Arreſt du 27. Février 1665. Les Libraires & Imprimeurs ne pouront imprimer les Livres dont ils auront obtenu Privilege, ailleurs que dans la Ville de leur demeure, à peine de confiſcation des Livres, & trois mil livres d'amende.

Arreſt du Conſeil d'Eſtat du 5. May 1667. contre Thomas Guillain, qui avoit imprimé l'Explication du Tableau preſenté devant Noſtre-Dame, par les Marchands Orfevres de la Ville de Paris, ſur la Permiſſion de Meſſieurs du Chapitre de Noſtre-Dame : Le Roy en ſon Conſeil, ſans s'arreſter à la Permiſſion de Meſſieurs du Chapitre de Noſtre-Dame, a caſſé & annullé ladite Permiſſion, & a condamné ledit Guillain en cent livres d'amende.

Arreſt du Conſeil d'Eſtat du 6. Octobre 1667. faiſant défenſes à tous Imprimeurs, Libraires & Relieurs, d'imprimer, vendre & debiter aucuns Livres ſans Privilege ſcellé du grand Sceau, ny aucuns Livrets ou Feüilles volantes, ſans la Permiſſion expreſſe du principal Magiſtrat des lieux, à peine de punition corporelle.

Arreſt du Conſeil du 4. May 1669. Défenſes à tous Libraires, Imprimeurs & Colporteurs, d'imprimer, vendre, colporter ou afficher aucunes Feüilles ou Placards ſans la Permiſſion du Lieutenant de Police, à peine contre les Imprimeurs, d'interdiction & privation de la Maiſtriſe, & de punition corporelle.

Arreſt du 11. Avril 1674. portant les meſmes défenſes que celuy du 6. Octobre 1667.

Arreſt du Parlement de Roüen, du 11. Février 1675. faiſant iteratives défenſes à tous Libraires & Imprimeurs, d'imprimer ny faire imprimer, vendre ny debiter en cette Ville ny ailleurs, en publique ny en cachette, aucuns Livres, de quelque matiere qu'ils puiſſent traiter, ſans en avoir auparavant obtenu la Permiſſion de Sa Majeſté, de la Cour ou du Juge de Police, à peine de confiſcation des Exemplaires, de cinq cens livres d'amende pour la premiere fois, & de punition corporelle en cas de récidive.

Confirmation de l'Arreſt cy-deſſus, du 27. Février 1682.

ART. III.

NE pouront lefdits Imprimeurs, Libraires ny autres, obtenir aucuns Privileges pour l'impreffion des Factums, Requeftes, Placets, Billets d'Enterremens , Pardons, Indulgences, Monitoires , & femblables Ouvrages, & feront lefdits Ouvrages indifferemment imprimez par les Imprimeurs dont les Particuliers voudront fe fervir.

Arreft du 15. Juillet 1608. contre Claude du Brueil, qui avoit obtenu Lettres de Privilege pour l'impreffion des Almanachs.

Oppofition de la Communauté des Marchands Libraires, à l'enregiftrement d'un Privilege obtenu par Guillaume Adam, & le nommé Teinturier , pour pouvoir imprimer les Billets de Convois & d'Enterremens, en datte du 16. Juin 1673. Lefquelles Lettres ont efté raportées par lefdits Adam & Teinturier, à ladite Communauté, pour n'avoir eu aucun effet, & n'avoir pû eftre regiftrées, par l'advis de Meffieurs les Gens du Roy.

Arreft du 11. Février 1675. portant qu'il ne fera obtenu Privilege pour les Factums,

DES INVENTAIRES,
Prisées & Ventes.

Reglement de 1618.

Art. LXXXI.

SONT faites inhibitions & défenses à toutes personnes de quelque qualité & condition qu'ils soient, s'ils ne sont Libraires, de faire description & Prisée des Livres qui seront exposez en Vente, ny en quelque sorte & maniere que ce soit, à peine de nullité desdites descriptions & Prisées, & d'amende aux contrevenans. Ne pourront neantmoins les Libraires qui auront fait lesdites Prisées, acheter aucuns Livres dudit Inventaire, sinon à l'encan, comme plus offrant & dernier encherisseur.

Regl. 1618. Art. LXXXII.

Le semblable sera gardé pour les Presses & Lettres d'Imprimerie, qui seront prisées & inventoriées par deux Maistres Imprimeurs, en la forme receuë, ainsi qu'il est accoûtumé, soit par l'avis d'aucun d'entre eux ou d'autre, en façon que ce soit, pour estre lesdites Prisées & Inventaires joints aux autres Inventaires des autres meubles, sans estre copiez par autres.

TITRE XIII.

ARTICLE I.

DEFENSES sont faites à toutes autres personnes, de quelque qualité & condition qu'elles soient, s'ils ne sont Libraires ou Imprimeurs, de faire aucunes descriptions & Prisées des Imprimeries & des Livres qui doivent estre exposez en Vente, en quelque sorte & maniere que ce soit, à peine de nullité desdites descriptions & Prisées, & de cinq cens livres d'amende contre les contrevenans ; Et sera ledit Inventaire ainsi fait par deux Imprimeurs ou Libraires, mis & annexé par les Notaires à l'Inventaire des autres Meubles, dont il sera fait mention par vn seul Article, dans la Minute & Grosse de l'Inventaire general des autres Effets, qui sera fait par lesdits Notaires.

Par l'Arreſt du 27. Juin 1577. défenſes ſont faites à toutes perſonnes de faire aucune Priſée ou Inuentaire d'aucuns Livres blancs ou reliez, neufs ou fripez, ſinon aux Libraires. Et par Sentence du Chaſtelet, contre David Douceur, en datte du 31. jour de May 1600. défenſes ſont faites à tous Libraires, d'acheter ny s'aſſocier avec autres pour l'achapt des Livres deſquels ils auront fait la Priſée, à peine d'amende arbitraire. Et à ce qu'aucun n'en pretende cauſe d'ignorance, ſera publié à ſon de Trompe par les Carrefours de l'Univerſité de Paris, & regiſtré au Regiſtre des Bannieres dudit Chaſtelet de Paris.

Sentence du 21. Octobre 1611. portant que toutes deſcriptions & Priſées de Livres ſeront faites par des Marchands Libraires.

Aprés le decez de David le Clerc, Maiſtre Libraire & Imprimeur à Paris, le Lieutenant Civil par ſa Sentence du 12. Decembre 1613. ordonna que la deſcription & priſée des Livres & Uſtanciles d'Imprimerie dudit défunt le Clerc, ſeroit miſe és mains de Maiſtre Jean Charles Notaire au Chaſtelet de Paris, pour eſtre adjoûtée à la minute de l'Inventaire par luy encommeneé des biens demeurez dudit défunt le Clerc, & en eſtre par luy délivré autant en Groſſe à Philipe Fabon ſa Veuve, en la payant & ſatisfaiſant par elle, ſuivant ſes offres. Dont ladite Veuve auroit appellé, & avec elle ſe ſeroit jointe la Communauté des Libraires, comme auſſi la Communauté des Notaires ſe ſeroit jointe avec ledit Charles. Par Arreſt du 15. Novembre 1614. la Cour joignit l'Inſtance de proviſion en ce qui concerne le Reglement des deux Corps, à l'Inſtance principale pendànte en icelle. Et neantmoins ordonna que la deſcription & priſée des Livres & Uſtanciles d'Imprimerie dudit défunt le Clerc, ſeroit miſe és mains dudit Charles pour ſervir de minute & eſtre adjoûtée à la Minute de l'Inventaire par luy fait des autres biens dudit défunt, & inſerée en la Groſſe dudit Inventaire par vn ſeul Article, ſans que le preſent Arreſt puiſſe faire préjudice à l'appointé au Conſeil, ny audit Reglement. Et d'autant que ladite Veuve voulant retirer ſon Inventaire, ledit Charles ſubtiliſant ſur les mots dudit Arreſt, ne le vouloit délivrer qu'en y adjoûtant la deſcription des Livres & Uſtanciles de l'Imprimerie tout au long, & non par vn ſeul Article, ſans ſection ny diſtinction; Cela fut cauſe qu'elle preſenta ſa Requeſte à la Cour pour faire interpreter ledit Arreſt, de ſorte que ſur icelle, au Raport de Monſieur de Grieux, intervint Arreſt du 19. Decembre 1614. par lequel il fut dit que la deſcription & priſée des Livres ſeroit inventoriée par ledit Notaire, ſans declaration particuliere deſdits Livres & Uſtanciles, mais ſeulement fait mention en general d'iceux Livres & Uſtanciles, raportez par la deſcription & priſée faite par tels Libraires vn tel jour.

Arreſt du 12. Octobre 1652. pour le payement de ceux qui font les Inventaires, fut ordonné que l'on payeroit à Mathias Guillemont & Michel Joly, pour huit Vacations à raiſon de dix livres par jour, & pour leur Inventaire ſix livres.

Regl. de 1610. Art. VIII.   **ART. II.**

Vignettes & Lettres grifes feront ven-
duës en la prefence des Syndic & Ad-
joints, avec la Marque, apres la mort de
l'Imprimeur, s'il n'y a Enfans ou Gen-
dres, auquel cas leur fera ladite Marque
délivrée par le Syndic, avec Permiffion
de Nous, & confentement dudit Pro-
cureur du Roy.

LA Vente ou Tranfport des
Preffes & Caracteres d'Imprimerie,
ne pourra eftre faite fans la permiffion du Lieutenant general de
Police, & qu'en la prefence des
Syndic & Adjoints, & fera tenu
par le Syndic vn Regiftre defdites
Ventes, fur lequel ceux à qui lefdites Preffes & Caracteres auront
efté vendus & adjugez, feront
tenus de s'en charger, à peine de
confifcation & d'amende arbitraire
contre les contrevenans.

Sentence du 28. May 1631. qui ordonne que l'Imprimerie d'Antoine Eftienne fera
venduë en la Salle du College Royal, en prefence des Syndic & Adjoints des Marchands
Libraires de cette Ville.

Ordonnance du 17. Mars 1663. portant défenfe de vendre aucunes Preffes & Uftan-
ciles fervans à l'Imprimerie qu'à vn Maiftre Imprimeur, en prefence des Syndic & Adjoints, dont ils tiendront Regiftre, à peine d'amende arbitraire.

Autre du 25. Juin 1670. fur le mefme fujet.